甲子園強豪校の880日トレーニング論

健大高崎・花咲徳栄野球部ほか
アスレティックトレーナー
塚原謙太郎

竹書房

はじめに

2020年のセンバツ甲子園に、トレーナーとしてサポートする健大高崎（群馬）と花咲徳栄（埼玉）が出場を果たした（残念ながら中止となったが、出場回数にはカウントされる。選手や関係者の想いを近くで見てきただけに、「仕方がない」とは簡単に言えない無念さがある……）。甲子園期間中は出場校と同じ宿舎に泊まり、食事から練習まで一緒に行動する。アップ会場で心身の状態を上げて、甲子園に向かうバスを見送る。試合開始後は、ネット裏でスタッフとともに試合を観戦。ベンチに入ることはできないので、ケガなく、ベストパフォーマンスを発揮してくれることを願うだけである。

健大高崎は2007年からチームに携わり、2011年の甲子園初出場から常連校になるまでの歩みを間近で見てきた。代名詞ともいえる「機動破壊」を身体作りの面から支え、首脳陣とともに、足を武器に戦えるチームを作り上げてきた。走ることへの意識は、どの学校よりも強い。

花咲徳栄は2011年からトレーニングを指導するようになり、2017年夏には悲願の全国制覇を達成。甲子園でひとつ勝つごとに逞しくなり、埼玉県勢初となる夏の頂点に立った。レギュラーが決まっていたこともあり、甲子園6試合で出場したのは11名のみ。真夏の戦いで体力的にきついところもあったと思うが、誰一人体調を崩すことなく、足が攣るなどの熱中症にかかることもなく、最後まで戦い抜いてくれた。日々積み重ねてきた継続的なトレーニングの成果が、最高の結果となって表れた。

私、塚原謙太郎の職業は、プロのアスレティックトレーナー（トレーニングコーチ）である。自ら起業し、正しいトレーニングの普及と発展に力を注いでいる。

現在、高校野球部のサポートが主で、この2校のほかに城西大城西（東京）、流通経済大柏（千葉）、大手前高松（香川）、立正大淞南（島根）、富士見（埼玉）など、複数校のトレーニングを受け持つ。全国に数多くのトレーナーがいるが、高校球児の身体を作ることに関しては自分の専門分野、得意分野であると自負している。

私自身は元ピッチャーで、全国的に無名の都立淵江から、名門・東北福祉大、日本生命でプレーをした。根性や気合の全盛期で、とにかく練習時間が長かった思い出がある。球数を気にする概念もなく、投げられるだけ投げた。結果、利き腕である左肘を痛め、肘を曲げても、手が肩に届かない状態にまでなってしまった。それでも、当時はハリ治療やマッサージで何とかしようとしていて、根本的になぜ痛めたのか、予防のためにどんなトレーニングが必要だったのかがわかっていなかった。というより、「障害予防に適したトレーニングそのものがなかった」と表現したほうが正しいかもしれない。このときの想いが、トレーナーを志した原点になっている。

日本生命で5年間プレーしたあと、アスレティックトレーナーの道を目指すために専門学校に通った。卒業後、すぐに声をかけてくれたのが東北福祉大の先輩である健大高崎の青柳博文監督だった。そこから少しずつネットワークが広がり、今に至っている。

アスレティックトレーナー駆け出しの頃から、選手に言い続けているのは「高校野球は880日の勝負」ということだ。よく「高校3年間」という表現を使うが、実質的には1年春から3年夏までの2年半しかない。日にちで数えてみると、約880日。この880日をどれだけ意味のあるものにするかによって、最後の夏の結果が変わってくる。

ケガで離脱すれば、880日をフルに使うことはできない。2カ月離脱すれば、残された時間はおよそ800日。復帰するまでにも時間を要することになり、仲間から遅れを取ることになる。

「早くパワーを付けたい」と、1年春から重たいバーベルでガンガン鍛える高校もあるが、これにはケガのリスクが伴う。正しい身体の使い方をわかっていなければ、腰痛を引き起こしやすくなるからだ。走ることにしても、設定タイムを決めて、がむしゃらに走ればフォームを崩すだけ。無理なフォームで走るので、身体のどこかに痛みが出てくる。

すなわち、身体を強くしていくには、トレーニングに取り組む順番が大事になるのだ。

家を建てるときのように、土台となる骨組みをしっかりと丁寧に組んでいかなければ、強い衝撃を受けたときに崩れていってしまう。

私はトレーニングには、2つの目的があると考えている。

ひとつはトレーニングによってチームが強くなり、勝利を手に入れること。もうひとつは、障害予防である。どちらも両輪として成り立っていて、ケガ人が増えれば、前述したように練習時間が減ることになり、必然的にチーム力は下がっていく。勝つ組織を作るためにも、障害予防に力を注いでいく必要がある。

880日の中で、チームの勝利と障害予防をいかにして両立させていくか。これが、アスレティックトレーナー塚原としてのテーマであり、本書の肝となる部分である。

まず、第1章ではトレーニングに取り組むための基本的な知識、第2章以降で具体的な動きやプログラムを紹介しながら、「柔軟性を含めた動き作り」「筋力強化」「スピード強化」「コンディション作り」の肝を解説していきたい。写真だけでなく動画もふんだんに盛り込んだので、実際に身体を動かしながら読んでもらえると大変嬉しく思う。

提案するプログラム自体は、決して目新しいものではない。ウエイトトレーニングに関しても、掲載しているのは多くの人が知っている「ビッグ3」だけである。私が大事にしているのは、「何をやるか」よりも「どうやるか」。流行りのトレーニングに飛び付くよりも、基本的な動きを正確にやれることのほうがはるかに重要だ。ストレッチでよく見る開脚や伸脚を本当に正しくできれば、身体の動きは間違いなく変わってくる。

本書を実践することで、「強くなれた」「うまくなれた」という高校球児が一人でも多く出てくれたら、これ以上に嬉しいことはない。早速、トレーニングを行ううえで基本となる考え方から紹介していきたい。

甲子園強豪校の880日トレーニング論

目次

第２章 柔軟性を極める

第3章 体幹を極める

体幹強化プログラム

第4章 ウエイトトレーニングを極める

第5章 スピードを極める

第6章 コンディショニングを極める

第1章

880日を極める

トレーニングの三本柱

「トレーニング」と一口で言っても、鍛える箇所もプログラムも無数に存在する。880日で強化することを考えたら、何を重視すべきか、明確に絞らなければいけない。「3年夏の地方大会まで」と設定したら、およそ800日。あれもこれもと欲を出したら、中途半端に終わってしまう。

それを踏まえたうえで、私はトレーニングの重要ポイントに3つの柱を据えている。

①柔軟性向上（身体の使い方含む）➡第2章
②筋力強化　体幹強化➡第3章／ウエイトトレーニング➡第4章
③スピード強化➡第5章

「はじめに」で触れたとおり、トレーニング＝障害予防の考えを持っている。「筋力は上がったけれど、ケガをしてしまいました」では、プレーヤーとして生きていくことができないし、トレーナーとしても失格だ。

障害予防の第一歩となるのが、柔軟性の向上とともに正しい身体の使い方を覚えることである。関節の可動範囲が狭い中で、無理な走り込みや投げ込み、振り込みをすれば、身体のどこかに痛みが出てくるのは当然のこと。さらに、重たい器具でガンガン鍛えれば、ケガのリスクは高くなる。たとえ筋力が上がったとしても、勝つため、そして障害予防のためのトレーニングとはいえない。

柔軟性で特に重視するのが、私が「4K」と呼ぶ部位だ。骨盤、股関節、肩甲骨、胸郭のアルファベットの頭文字から名付けた。障害予防にも、パフォーマンスアップにも欠かせない。昨今、股関節と肩甲骨の重要性は盛んに言われているが、そこにプラスして、骨盤と胸郭の動きがカギを握る。

第2章で詳しく解説していくが、「身体の要」とも言われる骨盤には前傾、後傾、下制、挙上の機能があり、これらが複合的に動くことで回旋運動が起きる。骨盤の前傾がうまく取れない選手は、ボールを投げるにしても、バットを振るにしても、強い力を生み出せない。それに骨盤の動きが悪い中で、重たい器具を持つことは腰痛にもつながっていく。

骨盤の可動域を高めるために、最初にやることが開脚である。足をできるだけ広く開いて、上体を地面の方向に倒していく。このとき、胸の前面がベタッと地面に着き、上から見たときに「土」の字を作れるのが理想となる（60ページ写真参照）。開脚をすることによって、骨盤周りの筋肉が発達して骨盤が立ち、前傾を使えるようになってくる。骨盤が寝ている状態で股関節を動かそうとしても、パフォーマンスアップにはなかなかつながっていかない。

二番目の筋力強化と、三番目のスピード強化は、パワーの獲得につながっていく。スポーツ科学の世界では、「筋力×スピード＝パワー」という公式があり、両者を高めることが、高い出力を生むことになるのだ。

簡単な例を挙げると、筋力5・スピード1のムキムキ型の選手と、筋力3・スピード3のバランス型の選手では、後者のほうがパワーは強くなる。だから、パワーを付けるには、ウエイトトレーニングだけやっていても、パワーを高めることはできない。パワーを付けるには、筋力を上げることと、スピードを上げることの両方に取り組む必要がある。

なぜ、筋力強化、スピード強化の順かというと、先にスピードを追い求めてしまうと、フォームがバラバラになったり、全身のバランスが崩れたりする恐れがあるからだ。トレーニングの中で「筋力だけ」「スピードだけ」と特化するのは難しいので、同時並行的に鍛えていくものではあるが、優先順位としては筋力強化が先になる。

さらに専門的な話をすれば、筋力強化を図ることによって、筋細胞が活性化する。この活性化した筋肉が連動することで、スピードを高めることができる。最初から〝スピードありき〟でトレーニングを進めてしまうと、スピードは上がってこないのだ。

とはいえ、筋力もスピードも、身体の使い方が身に付いていない段階で強度を上げてしまうと、身体にかかる負担がどうしても強くなる。パワーを手に入れたいと思うのなら、柔軟性を養うことを疎かにしないこと。そこを忘れないようにしてほしい。

障害予防のカギを握る「連動性」

大人の身体には骨、関節、筋肉が、どのぐらいあるかご存じだろうか。

骨の数はおおよそ200個。骨と骨の間には関節があり、その総数は約265箇所。そして、その関節をまたぐように筋肉があり、およそ600個。600個の中には、自分の意思で動かせる随意筋もあれば、臓器のように無意識に動く不随意筋もある。

これらすべてを使うことは不可能に近いが、できるだけ多くの骨や関節、筋肉をスムーズに動かすことで、「連動性」が生まれる。

その字のごとく、「連なって動く」。

人間の身体は、末端に行けば行くほど器用に動くようになっていて、どうしてもそこに頼ろうとしやすい。ボールを投げることをイメージするとわかりやすく、肘から先だけを使って、小手先でヒョイと投げることができる。ときにはこういう技術も必要ではあるが、強く速い球を投げるためには、身体の中心部から動かさなければいけない。中心部から動かすことで、投げることに使われる骨、関節、筋肉の数が増え、特定の部位に負担がかからないようになるのだ。それゆえに、身体の中心にある骨盤の動きをよくすることが非常に大事になってくる。

ボールを持った状態では、フォームの改善がなかなかうまくいかなかった選手が、ストレッチで連動性を身に付けることによって、体重移動がスムーズにできるようになる事例も多い。投げ込みだけでは、技術は向上していかないともいえるのだ。

指導の現場に行くと、監督から「この選手は足首が硬くて」「股関節の動きが悪くて」という話を耳にすることがある。こういう選手も、じつは足首だけを見ると、決して可動域は狭くはない。プレーの中で動きが硬くなるのは、連動性に欠けていることがほとんどである。仮に骨盤の動きが悪いとすると、股関節や膝関節、足首に運動制限がかかり、本来持っている柔軟性を生かせなくなる。身体のどこかで〝動作不良〟が起き、身体の機能が低下しているのだ。

ここで覚えておいてほしいのが、人間が持つ素晴らしい機能のひとつに、「代償動作」があることだ。「代わりに償う」という言葉のとおり、どこか動きにくい関節があったとしても、それをほかの部位が補ってくれる。もし、骨盤の動きが悪ければ、膝で何とか対応しようとするのだ。「代償動作」は人間の優れた能力ではあるのだが、これによってどこか特定の部位に負担がかかり、故障につながりやすくなる。

それを防ぐためにも、シーズン通して柔軟性を高め、トレーニングを続けていかなければいけない。これまでの指導の経験上、開脚のストレッチなどによって、骨盤が動くようになると、連動性が生まれて故障のリスクがグッと下がる。データを取っているわけではないので、私の経験値だけになってしまうのだが、アスレティックトレーナーとして15年、高校生を見る中で強く感じていることである。

生活習慣の変化による身体の変化

「最近の子は……」とはあまり言いたくないが、10年前と今を比べると、骨盤や股関節周りの動きが硬い選手が増えた。いろいろなことが便利になりすぎた代償ではないだろうか。階段が減り、エスカレーターが増え、和式便所が減り、洋式便所が増えた。生活様式を見ても、畳に座る機会が減り、イスに座ってご飯を食べたり、勉強したりすることが当たり前になった。

今の高校生の中には〝ヤンキー座り〟ができない子もいるのではないか。そもそも、〝ヤンキー座り〟そのものが死語だろうが、かかとを地面に着けたまま、しゃがもうとしたら、後ろにひっくり返ってしまうかもしれない。和式便所が減ったことが、少なからず影響しているはずだ。

こういう背景があるからこそ、ストレッチに時間をあてて、柔軟性を高めていきたい。柔軟性は、自分が努力すればするほど向上していく。入学時、開脚で両肘を地面に着けることすらできなかった選手であっても、毎日地道にやり続けることによって、「土」を作れるまでに柔らかくなる。このような姿を、毎年目にしている。柔軟性は才能ではなく、努力で手に入るものだと信じて、取り組んでほしい。

柔軟性＋関節を固める強さが必要

ただし、柔らかければ何でもいいというわけではない。柔らかさと強さの両方があってこそ、高い出力を生むことができる。

走りの動作を例に取ると、片足ジャンプの繰り返しによって、身体を進行方向へ運んでいる。スロー映像で見ると、走っている最中に両足が地面から離れて、宙に浮いている状態がある。すなわち、一歩踏み出すごとに、全身のエネルギーを片足で受け止めなければいけないのだ。この着地のときに、膝関節や足首関節で力を吸収してしまうと、地面からの反力を最大限に得ることができず、次の一歩につながっていかない。わかりやすく言えば、踏み込んだときに自分の身体を支えきれずに、〝ぐにゃぐにゃ〟の状態になっているのだ。

抽象的な表現になるが、力を発揮するときには関節や身体を固める動きが必要になる。足が速い選手、ジャンプで遠くに跳べる選手は、この固める技術がうまい。そこには体幹の強さが関わってくる。だから、柔軟性を含めた身体の使い方を養ったあとには、筋力強化が必要になってくるのだ。

なお、アメリカンフットボールやラグビー選手の中には、あえてテーピングで足首を固める選手もいる。なぜなら、足首の動きを制限することによって、地面からの反発を得やすくなるからだ。

そう考えると、今度は「柔軟性がありすぎてもダメなんじゃないか？」と思われそうだが、これもまた違う。5動く範囲で5の力を使うのと、10動く範囲で5の力を使うのでは意味合いが変わってくる。前者の場合は、自分が動ける範囲では力を発揮できるが、そこから外れた場合の対応が難しい。守備でいえば、ギリギリの打球に何とか追い付いたとしても、関節の可動範囲が狭いと、体勢を立て直すまでに時間がかかってしまう。無理な体勢で捕ろうとすることによって、ケガにつながる恐れもある。

下半身の力を上半身に伝える

連動性にもつながる話だが、打つことも投げることも、最後は手によって行われる。バットを握るのは手であり、ボールを投げるのも手。ピッチャーであれば、下半身でどれだけエネルギーを生み出そうとも、最後のリリースでボールにうまく力を伝えることができなければ、強いボールは投げられないのだ。

だから、腕を鍛えることも、指を鍛えることも必要になるのだが、それは最終的な話である。鍛えていく部位にも、やはり順番がある。大まかに分けると、次の4段階を頭に描いている。

①　爆発的エネルギーを発揮する下半身
②　エネルギーを変換する股関節
③　下半身のエネルギーをロスなく発揮する手助けとなる体幹
④　ダメ押しの上半身

簡単に言ってしまえば、「下半身から上半身」の順番となる。爆発的エネルギーを発揮するには、骨盤が自在に動くことが大前提で、野球の動作につなげていくには、股関節の柔軟性と強さが欠かせない。そして、下半身と上半身をつなぐ役目となるのが体幹で、体幹が弱いと、せっかく下半身を強くしても、エネルギーが伝達していかない。

最後にくるのが上半身で、これは「ダメ押し」と考えてもらっていいだろう。下半身や体幹をみっちりと鍛えたうえでの上半身という意味だ。上半身だけ鍛えても、さほど高い効果を発揮することはできないだろう。

８８０日のトレーニング計画

次のページの表を見てほしい。これは、2～4カ月単位で考えた８８０日のトレーニング計画である。だいたい、このぐらいのスパンで重視すべき項目を考えている。

1年生の夏までは、基本的に「ゼロ負荷」で身体の使い方を覚えていく。ほぼ、自重（自分の体重）で行うトレーニングばかりだ。いきなり高強度のトレーニングをやっても、ケガにつながるだけ。加えて、トレーニングの基礎知識を伝え、８８０日を有効に使うための土台を作っていく。

880日のトレーニング計画

1年生	4〜7月	0〜120日	1 正しい立ち方 2 柔軟性の獲得 3 ランニング姿勢 4 コーナーリング姿勢 5 正しい腕の使い方 6 体幹トレーニング
	8〜9月	121〜180日	1 W-Tの動作獲得 2 柔軟性の獲得2 3 スタート姿勢の獲得 4 体幹トレーニング2
	10〜12月	181〜270日	1 W-Tのやり込み 2 筋力測定 3 柔軟性のチェック 4 爆発的スタート練習 5 冬季プレトレーニング
	1月〜3月	271〜365日	1 W-T基礎作り終盤 2 乳酸系トレーニング 3 プレパワートレーニング 4 体幹トレーニング3 5 柔軟性向上

2年生	4〜7月	366〜485日	1 ランニング動作 2 ストップ動作習得 3 切り返し動作習得 4 股関節モビリティトレーニング 5 W-T継続 6 パワートレーニング応用
	8〜9月	486日〜545日	1 甲子園期間 2 コンディショニング
	10〜12月	546日〜635日	1 筋力測定(最終数値目標設定) 2 柔軟性再確認 3 直線から捻転動作への応用 4 冬季プレトレーニング 5 股関節モビリティトレーニング2
	1月〜3月	636日〜725日	1 W-T最終仕上げ 2 負荷をかけた乳酸系トレーニング 3 負荷をかけたパワートレーニング 4 体幹トレーニング4 5 柔軟性向上

3年生	4月〜7月	726日〜845日	1 W-T継続 2 キネティックを意識した動作習得 3 柔軟性継続 4 ランニング動作継続
	8月	846日〜880日	1 甲子園期間 2 コンディショニング

体幹トレーニング1、2、3と数字が記してあるのは、「強度や難易度を高める」という意味である。同じプログラムをやっていると、選手の中にも飽きが出てくるので、時期を見てプログラムを変えるようにしている。それに、強度や難易度を上げていかなければ、身体に負荷をかけることができず、筋力もスピードも高めることはできない。

走りに関しては、下級生の時期にがむしゃらに走らせることはしていない。「ランニング姿勢」「コーナーリング姿勢」とあるように、まずは正しい姿勢を覚えることから始める。スピードを上げていくのは、正しい姿勢を身に付けてからでいい。

選手によく言っているのは「8割の感覚で、10割の出力を発揮できるのが理想」ということだ。10割で目一杯走ろうとすると、身体に余計な力みが生まれ、どうしてもフォームが崩れやすくなる。仮に、10割の感覚で50メートルを6秒2で走るのなら、8割の感覚でも同じタイムで走り切る。この感覚をつかめれば、必然的にタイムも上がっていくはずだ。ピッチャーにしても、10割で140キロを投げるよりも、8割の力感で140キロを投げられたほうが、長いイニングを投げられるし、コントロールも安定しやすい。

「W-T」とあるのは、ウエイトトレーニングのことを指す。だいたい、1年生の新チームから正しいやり方を伝えていき、秋から本格的に取り組んでいく。走り方と同様に、1年生のうちは基本となるフォーム作りに力を注ぐ。イメージとしては、2年生が高強度で5セットやるのであれば、1年生は低強度で5セット。正しいフォームの習得なくして、次のステップには進んでいかない。

トレーニング三本柱のひとつ目となる柔軟性については、1年を通してやり続ける。プログラムとプログラムの間に、開脚や伸脚を入れることも多い。特に走ったあとは股関節がよく動くようになっているので、そのタイミングを狙ってストレッチを入れると、可動域が広がりやすくなる。身体が温まった風呂上がりのタイミングもおすすめだ。

2年生になると、動きの強度が上がり、より野球に近い動きも加わってくる。4~7月のところにある試合期での「ストップ動作」「切り返し動作」は、守備のときのフットワークや、走塁の加速につながっていく。

そして、新チームになると「捻転動作」が入る。捻転は野球特有の動きであり、投げるにも打つにも「捻り」を使うことで、出力を高めることができる。野球に直結する動きだけに、1年春の段階から取り入れたくなるが、身体の連動性や体幹の強さを身に付けておかなければ、腰を痛めてしまう恐れもある。焦らずにひとつずつ、たしかな土台を作っていくことが、上級生になってからの成長につながっていく。

3年生になれば、残された日数は150日ほど。新たな知識やプログラムを入れることはほとんどなく、これまでやってきたことの質を高めることに重点を置く。徹底して、クオリティーを上げる。彼らの主体性を信じて、私が細かく指示を出すことも少なくなっていく。この時期にまで来て、私に厳しく言われているようでは、夏の戦いも苦しいものになってしまうだろう。

トレーニングの原理原則を理解する

トレーニングを行ううえで大事になるのが、「トレーニングの原理原則」を頭に入れておくことである。これを知っておくかどうかで、トレーニングに対する効果が大きく変わっていく。

原理原則の大元となるのが、ドイツの発生学者であるウィルヘルム・ルーが提唱した『ルーの法則』だ。「筋肉は使わなければ衰え、適度に使えば維持・発達し、過度に使えば障害を起こす」と、8つの法則を導き出した。

① **過負荷の原理**
（負荷を上げていくことによって、向上する）

② **特異性の原理**
（トレーニングの刺激に対してのみ、向上する）

③ **可逆性の原理**

（トレーニングを休止すると、元に戻る）

④ **全身性の法則**
（局所的に鍛えるのではなく、全身を鍛える）

⑤ **反復性の法則**
（継続し続けることによって、向上する）

⑥ **自覚性の法則**
（どこを、どうやって、どのように動かしているかを意識する）

⑦ **個別性の法則**
（個人の能力によって、メニューは変わる）

⑧ **漸進性の法則**
（常に一定ではなく、徐々に負荷をかける）

特別な法則ではなく、「言われてみれば、たしかにそのとおり」と納得できる考えばかりだろう。でも、いざ実践するとなると、同じ負荷でやり続けたり、何も意識せずにプログラムをこなしたりと、原理原則を忘れがちになる。ただただ、目の前に出されたことをやるのではなく、８つの法則を理解したうえで取り組んでほしい。

加圧トレーニングを効果的に利用する

すべてのサポート校で取り入れているのが、ベースボール専用加圧トレーニングウェア（ZETT株式会社）を着用しての加圧トレーニングである。

上半身は腕の付け根、下半身は鼠径部のところで加圧ベルトを締めて、血流を制限（**次ページ写真❶❷参照**）。上半身は10分、下半身は20分締めた状態で運動を行うことで、動脈から新しい血液が流れ込んでいく一方、静脈から血液が戻りにくくなり、普段は使われていない毛細血管にまで血液が流れ込む。血流を制限することで、脳が乳酸を感知しやすい状態にもなり、成長ホルモンの分泌が促進されやすい。そして、ベルトを緩めて除圧することによって、血流に乗って成長ホルモンが全身に運ばれていく（除圧したあとは、再びベルトを締めて、また適切な時間で除圧する。これを繰り返す）。

というのが、専門的な解説になるのだが、トレーナーの観点から実感する効果は、次の3点である。

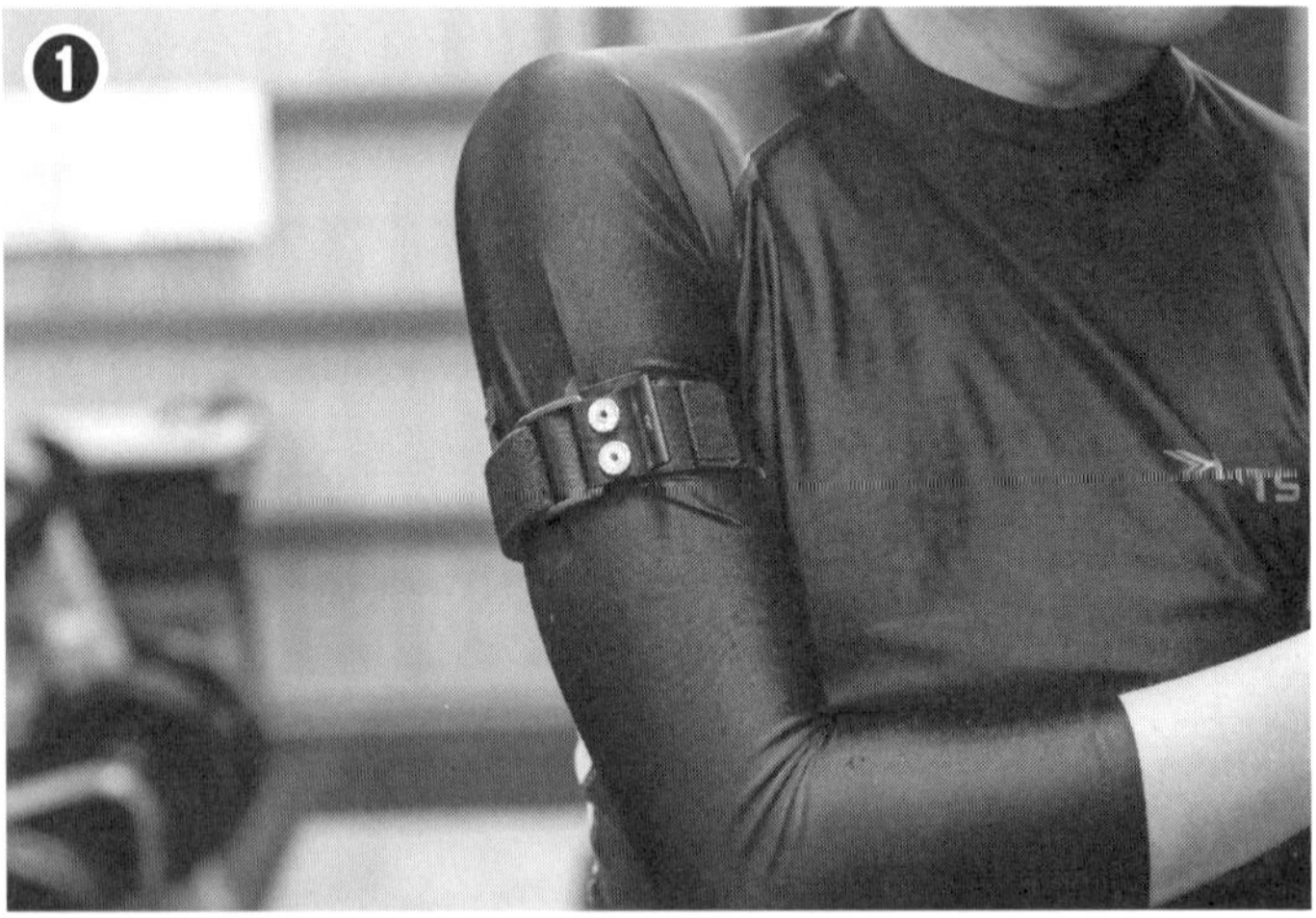

上半身は腕の付け根、下半身は鼠径部のところで加圧ベルトを締めて、血流を制限する

①　柔軟性向上
②　疲労回復
③　筋力アップ

加圧＝筋肥大のイメージが強いかもしれないが、それだけではない。加圧の最大の効果は、血管へのアプローチだと感じている。血液が身体の隅々まで流れるようになり、その結果として、筋肉がほぐれやすくなり、疲労回復にもつながっていく。

もしかしたら、加圧トレーニングに怖さを持っている人もいるかもしれない。中には、血流を〝止めている〟と勘違いしている人もいるのだが、〝制限〟なので身体的な問題はない。選手にはベルトを締める「時間」と、ベルトを締める「圧」をしっかりとレクチャーしてから、トレーニングを行っている。

よく「いつ加圧をやればいいですか？」と質問されるのだが、基本的には「ながら運動」と思ってもらえればいい。グラウンド整備時や、通学の自転車に乗るときに巻くだけでも効果はある。日ごろのプログラムで考えると、柔軟、ウエイトトレーニングを含んだ筋力強化のときにはベルトを巻くことを習慣化している。何もせずに身体を動かすときと比べると、間違いなくトレーニング効果は高くなる。ただし、スピード系、技術系のトレーニングのときだけは外す。そこに関しては、加圧をする効果がほとんどないからだ。

人によってさまざまな考えはあるだろうが、880日という限られた時間の中で結果を出すには、おすすめのトレーニングである。

正しく走り込むことで回復力を上げる

指導者の方から「野手と投手で、トレーニングにはどんな違いがあるのですか?」と質問されることがある。私の考えとしては、8割は同じトレーニングで2割は違う。プロ野球に行けば、ポジションごとの専門的なトレーニングが必要になるのかもしれないが、全員が一緒に行動することが多い高校野球の場合は、あえて分けないほうがチームを作りやすいように思う。

2割の違いは何かといえば、バッターでいえばバットスイングや守備につながるもの、ピッチャーは片足でバランスを取ったり、指力を鍛えたりするプログラムが入ってくる。走る量もピッチャーのほうが多くなり、たとえば冬場のトレーニング期で比べれば、野手は1日で3キロを目安にするところを、ピッチャーは1日7~10キロ走るプログラムを組んでいく。長い距離だけでなく、短ダッシュも含めての総距離となる。

近年、プロ野球のピッチャーが「走り込みは意味がない」と言って話題になることがあるが、私はそうは思わない。「正しいフォームで走る」というのが大前提となるが、走ることは、体幹を鍛える最高のトレーニングである。

それに、まだ成長途上の高校生は、走ることによって心肺機能を上げて、回復力を高める時期でもある。体力面でのベースを上げていかなければ、練習にも付いていけなくなってしまう。特に高校生のピッチャーは、攻撃時に全力で走ったあと、すぐにマウンドに上がることが多い。イニング間のインターバルも1分ちょっとしかなく、ベンチでゆっくりと休んでいる時間がない。短い時間で息を整える練習をしておかなければ、試合で力を発揮できなくなってしまう。

冬場、心肺機能を高めるために、チーム全体（学年ごと）で行うのが「8の字集団走」である。外野を目一杯使って、8の字を描き、横3～4列の隊形を崩さずに走り続ける。8の字にすれば、内側を走る局面もあれば外側を走る局面も出てくるので、有利不利がなくなる。

1周のタイム設定を1分20秒ぐらいから始め、そこから設定を厳しくしていく。10周走り、最終的には1分10秒まで短くする。タイムを切れない者も出てくるが、大事なのは疲れたときにどれだけ走り抜くことができるか。トレーナーとしての経験上、こうした非科学的な〝根性〟も、高校生は特に大事だと思う。

「きついことをやり抜いた」というメンタル的な要素も大きく、これが最後の夏に見えない力となって発揮される。このあたりはプロ野球の世界ではなかなか見えてこない、高校生ならではの強さといえるかもしれない。

選手に求める3つの「ジリツ」

若い頃は、激しく叱咤しながらトレーニングに取り組ませていたことがある。ストレッチにしても、強制的にガンガンやらせていた。ただ、こういうやり方では、ある程度のところまで成長したとしても、そこから先にはなかなか進んでいかない。結局、最後は自分の意志で取り組める選手が強くなる。

選手へのアプローチとして、私は3つの「ジリツ」を大切にしている。

それは、「自立」「自律」「時律」の3つだ。どれも、選手の成長には欠かせないキーワードとなる。現実的な話をすると、もっとも頻度が高い健大高崎であっても、トレーニング指導に行くのは週1回程度。毎日行くわけではないので、選手自身の主体性を育てていかなければ、トレーニングの質が上がっていかないのだ。

まずは、自分で立つ意味の「自立」。朝は自分で起きる、身の周りのことは自分でやる、自分の荷物は自分で用意するなど、高校生として当たり前のことを要求する。つまりは、周りに頼りすぎない、ということだ。甲子園で4万人近い観客の前でプレーすることを考えると、自ら動く習慣を付けておかないと、とてもじゃないが自分の力を発揮することなどできない。スタンドの歓声やどよめきに心が揺れ動いてしまったら、平常心を失うことになる。

自立を実践するために大事になるのが、目標設定だ。いろんな学校で多くの選手を見てきたが、「甲子園出場」「プロ野球選手になる」など、目標がはっきりしている選手ほど意識が高く、主体的に動くことができる。

それは、練習の合間やプログラムが切り替わるときによく見えるもので、たとえば、ひとつのプログラムが終わったときに「10分休憩」を入れたとする。自立できていない選手は、10分の休憩時間をフルに使ってから動き出す。逆に、自立心が芽生えている選手は、8分ぐらいで休憩を切り上げて、そこから身体を軽く動かし、10分経つときには次のプログラムへの準備が終わっている。指導してまだ間もないチームには、こういう話を丁寧に伝えながら、自ら動くことの大事さを伝えていく。

また、自分自身にどれだけ興味を持てるかも、自立につながる重要なファクターだと感じている。指導現場に行くと、「その靴で走れるの?」と思ってしまうランニングシューズを履いている選手が結構多い。つまさきに穴が空いていたり、かかとがつぶれていたり、ヒモが切れていたり、これではパフォーマンスを発揮することができないうえに、ケガのリスクもある。

表現は悪いが、私の経験上、「汚い選手は伸びない」と思っている。汗をかいたアンダーシャツでそのままプレーしている選手も多い。うまくなりたいと思えば、身の回りのことからしっかりと整えようとするものではないだろうか。彼らには「甲子園に行くときに、こんな靴で行くのか？」「彼女とデートするときに、汚い靴を履いて行くのか？」という言い方で伝えている。

2017年夏に花咲徳栄が全国制覇を果たしたが、内野手の3年生の中に「お前、その靴でいいの？」と前年の春に厳しく問いかけた選手がいた。彼が2年生のときにセンバツに出場した際、甲子園にいるにも関わらず、汚い靴、汚れたユニホームで練習していたのだ。「甲子園は、憧れの舞台じゃないの？」「憧れです」「とてもそうは見えないんだけどな」というやりとりをかわした。何も値段の高い靴を買いなさい、と言っているわけではない。目標をかなえたいと思うのなら、まずは自分に興味を持ってほしいのだ。

彼が変わったのは2年夏が終わって、自分たちの代になってからだった。最上級生としての自覚が芽生えたのか、見違えるように自分のことは自分でやれるようになっていった。学年による甘えもあれば、学年による自覚と責任も生まれてくるのが、高校野球の面白いところでもある。

周りに興味関心を持つ

「自分を律する」と書く「自律」。わかりやすく言えば、自分で決めたことがあるのなら、どんなときでもやり遂げることだ。毎日、「全体練習のあとに素振りをする」と決めたのなら、気分が乗らないときでも実行する。チームメイトから「早く帰ろうぜ」と言われても、誘いを断って己がやるべきことをやる。周りの言葉や環境に流されずに、自分の意志を貫いていけるかが大事になる。

最近は、さまざまな学校でメンタルトレーニングが行われているが、私は「自分で決めたことを、どんなときでもやり続けること」こそが、メンタル強化につながると思っている。人間誰だって、楽なほうに逃げたいときがある。それは、大人でもそうだ。そんなときでも、自分の心を奮い立たせて、やるべきことをやる。それを2年半かけて実践し続けたら、自信を持って最後の夏を迎えられるはずだ。

とはいえ、チームにはいろいろな部員がいるわけで、気持ちが落ちている選手もいる。ミーティングでときおり話すのが、「入部してきたときのモチベーションを忘れるなよ」ということだ。入部当初は、「レギュラーを獲ってやろう」とか「甲子園に出たい」と高いモチベーションを持っていても、思いどおりにいかないことが出てきて、「こんなはずじゃなかったのに……」と思ってしまう選手がいる。人間誰しも、右肩上がりにググッと伸びていくことなどない。悩んだりカベにぶつかったりする中で、成長していくものだ。ときには仲間とぶつかることだってあるだろう。それもまたチームが強くなるには大事な要素となる。

自立、自律ができるようになると、周りに対して興味が湧いてくるようになる。自分に自信が持てるので、仲間にも声をかけられるようになるのだ。トレーニングをやっていて思うのは、強豪校ほど周りへの声掛けが多い。ウエイトトレーニングのときにはお互いのフォームを指摘しあい、ダッシュのときには「最後まで!」と激励の声がかかる。一人の力ではチームは強くなっていかない。勝つ組織を作っていくには、周りへの興味関心が絶対的に必要となる。

最後の「時律」は、時を律する。私の造語であるが、言わんとする意味はわかってもらえるだろう。時=時間をどれだけ大切にできるか。時間を守るのは当たり前のこと。9時練習開始であれば、それまでにグラウンドに来て、身体を温めておきたい。一流選手になればなるほど、時間の使い方がうまいものだ。

1日=24時間であることは、高校球児もプロ野球選手も変わらない。高い目標を持っているのであれば、それを成し遂げるために時間をどう使うか、自分自身で考えていく必要がある。

よく目にするのが、3年生の夏に負けたあと、後輩たちに「お前さ、最後の夏はあっという間だぞ。時間を大事にしろよ！　後悔するなよ！」と涙ながらに声をかけていることだ。ここにもっと早く気づくことができれば、もっといい結果が生まれたかもしれない。

高校野球は、3年生の7月に夏の大会が必ずある。監督がベンチ入りメンバーを決めるのは6月の中頃だ。ここを〝期限〟と考えると、ベンチ入りを狙う選手は3年春が勝負。そこから逆算すると、2年生の冬のトレーニングは死に物狂いで取り組まなければいけない。仲間と同じような意識でやっていたら、自分の立ち位置は変わっていかないのだ。自分で期限を設定して、そこから逆算して、今何をやらなければいけないのかを考える。これも、時律につながっていくところである。

ティーチングとコーチングのバランス

自立・自律・時律の心を育てていくために、私自身が意識しているのがティーチングとコーチングのバランスである。ティーチングは練習のやり方や考え方をイチから教えていくことで、コーチングは手取り足取り教えすぎずに、少し離れたところから見守ること。

このように定義づけている。

　コーチングとティーチングのグラフを見てもらうとわかると思うが、1年生のうちはティーチングの割合が多く、学年が上がるにつれてコーチングに移行していく。1年生のときはトレーニングの基礎知識がまったくない段階であり、「先輩の動きを見ろよ」「考えてやれよ」と言っても何も伝わらない。ある意味では、これは指導の放棄だ。0はいつまで経っても0であり、何を掛けても0にしかならない。0を1に上げるのが、指導者（トレーナー）の仕事となる。だから、1年生のうちは立ち方から歩き方、プロテインの摂り方、選び方まで座学を交えながら伝えていく。

　ただし、その中でも「一度言ったことは、二度は言わないから」というスタンスを取っている。これは意地悪をしているわけではな

［ 選手との関わり ］

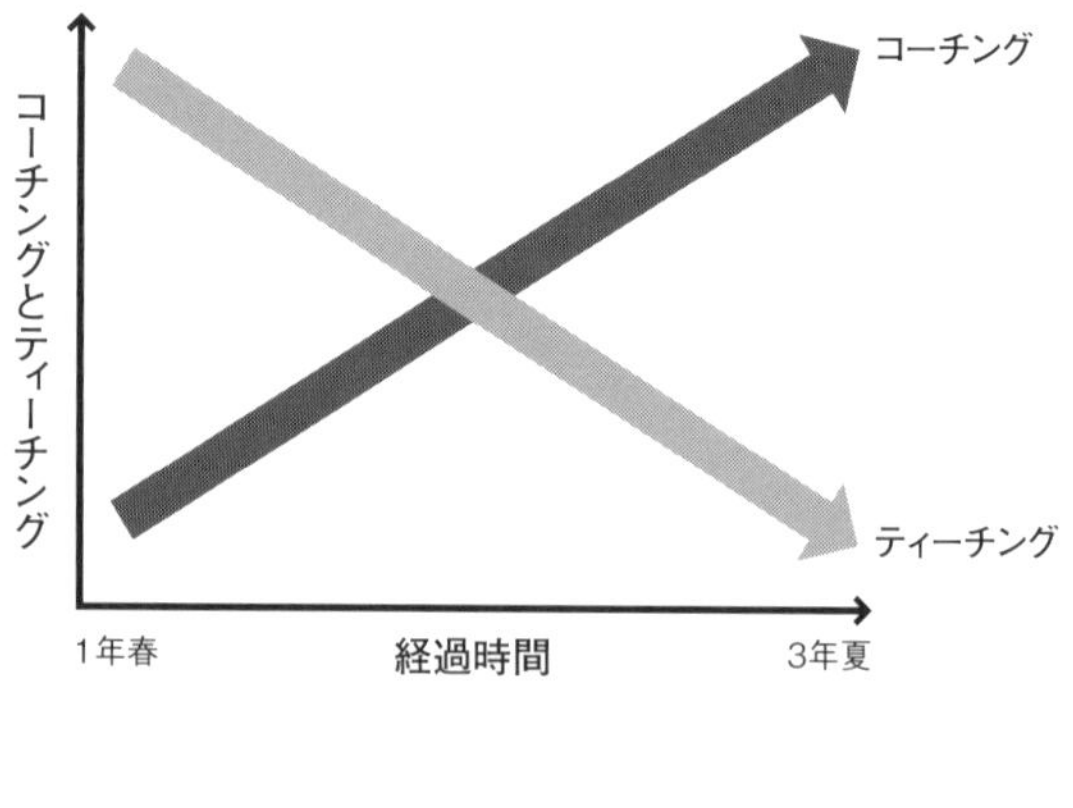

く、一度目の話を真剣に聞いてほしいからだ。聞こう、学ぼうと思えば、必然的に学習する力は上がっていく。

こうして、1年生のうちに基本的な知識を伝え、2年生からは自分たちでやれるように促し、3年生からはトレーニングの質を高めることに重きを置く。一言で表現すれば、「守破離」の考え方だ。師匠と弟子の教えから始まった考えであるが、型を守り、型を破り、最後は師匠から離れていく。ティーチングからコーチングに移行する過程に、よく似ているのではないだろうか。

2年生の新チームになる頃には、「どうした？」と聞く機会を意識的に増やすようにしている。たとえば、ダッシュで手を抜いて走っていたとする。若い頃は「何でやらないんだ！」と怒鳴りつけることもあったが、今はそういう指導が通じる時代ではない。「どうした？」と冷静に聞き、彼らに気づきを与える。そのときの心理状態を選手の言葉で表現させたほうが、結果的に良い方向に進んでいくことが多い。

ときには、あえて放ったらかすこともある。「ちょっと用事があるから。自分たちでトレーニングをやっておいて」と、私はグラウンドから出て、隠れたところから彼らの動きを見守る。そこで、どれだけ質の高いトレーニングができるのかを確認するのだ。もちろん、できていないこともあるのだが、それでもいいと思っている。

大事なのは、現状の立ち位置を気づかせること。ティーチングの手法で、1から10までコーチが指示を出すと、自ら気づきを得ることができなくなってしまう。

コーチに必要な5つの資質

コーチングに関する話をもうひとつ。

専門学校で学んでいたときに、当時の先生から教わった言葉がある。コーチを英語表記にすると「COACH」となるが、その1文字1文字に、コーチとして生きていくために大事な要素が詰まっているというのだ。非常に納得できる考えであり、今も深く心に刻まれている。私はアスレティックトレーナーの立場であるが、高校野球の監督にもきっとつながる考え方だと思う。

① Comprehension（理解力）

自分自身が相手（選手）の性格や能力をどれだけ理解できているか。そのために私が心掛けているのが、選手の動きをよく見ることと、コミュニケーションを取ることだ。私からの一方通行で「あれをやれ、これをやれ」と指示をしているだけでは、本当の意味で強いチームにはなっていかない。

②Outlook（見通し）

「今、このトレーニングをしておけば、3カ月後にはこのぐらいまで成長しているはず」と、ある程度の見通しを立てておく。〝今〟も大事だが、目の前のことに集中しすぎてしまうと、目指すべき場所を見失うことにもなりかねない。将来どんな選手になりたいのかを問いかけ、現状に満足しないようなアプローチをしている。

③Affection（愛情）

選手が私のことをどう思っているかはわからないが、私自身は愛情を持って、彼らと接している。怒るのも叱るのも、成長してほしいから。人生で一度きりの高校野球だからこそ、悔いのない2年半を過ごしてほしい。

④Character（性格）

これは指導する側のキャラクターを指す。私自身の性格は、そこそこいい加減で、大雑把で、ふざけるのが好き。こう書くと、どうしようもない人間に思われそうだが……、高校生の前では違う塚原謙太郎を演じることもある。大事なのは、自分の性格を知ったうえで、強みや弱みを認識しておくことだと思う。

⑤ Humor（ユーモア）

私の得意分野である。真面目一辺倒だけでは、高校生を指導するのは難しい。ときには笑いを取ったり、ちょっかいを出してみたり、あえて選手との距離を近づけていくことも必要となる。

大まかではあるが、ここまでがトレーニングに取り組むうえでの基本的な考え方となる。読みながら、「そこのところ、もうちょっと詳しく知りたい！」と思った人も多いだろう。次の第2章からは、健大高崎や花咲徳栄などで実際に行っているプログラムを紹介しながら、トレーニングの具体的なポイントを解説していきたい。

第2章

柔軟性を極める

5点を揃えた「立位」から始まる

第2章では、「身体の使い方」をメインに解説していきたい。

繰り返しになるが、筋力を付けるのも、スピードを磨くのも、その土台に正しい身体の使い方があってこそ成り立つもの。読み進めてもらうとわかるが、どこかで一度は目にしたことのあるストレッチやトレーニングが並んでいると思う。それをどれだけ丁寧に正しくできるかが、自分自身のパフォーマンスを上げることにつながっていく。一畳分のスペースがあればできるプログラムも多いので、写真や動画を見ながら、それぞれの動きを確認してほしい。

まず、高校生を指導するときに最初に伝えるのが「立位」の重要性である。みなさんは、正しい立位の姿勢を知っているだろうか。

言葉で説明するよりも、**写真❶**を見てもらったほうがわかりやすいだろう。横から見たときに、1＝耳の穴、2＝肩峰、3＝大転子、4＝腓骨頭、5＝外踝（くるぶしから指2本分つまさき側）が一直線に並んだ姿勢が理想となる。「骨で立つ」と表現されることもあるが、まさにその状態だ。人間の身体の構造上、この5点を揃えることによって、左右前後どちらにも偏ることなく、ニュートラルな状態で立つことができる。

電車で通学している選手も多いと思うが、車内で立っているときの姿勢を思い出してみてほしい。左右どちらかの足に重心を乗せて、立っていないだろうか？　その立ち方に慣れてしまうと、立位の姿勢が知らず知らずのうちに崩れていくことになる。

❶

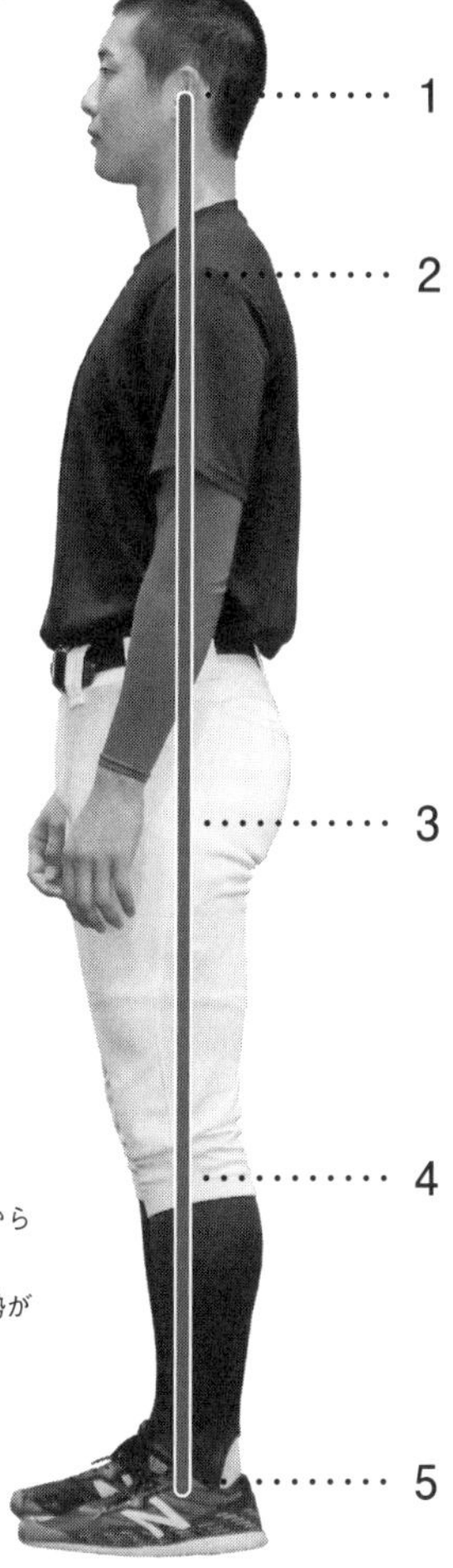

横から見たときに、
1＝耳の穴
2＝肩峰
3＝大転子
4＝腓骨頭
5＝外踝（くるぶしから指2本分つまさき側）
が一直線に並んだ姿勢が正しい立位となる

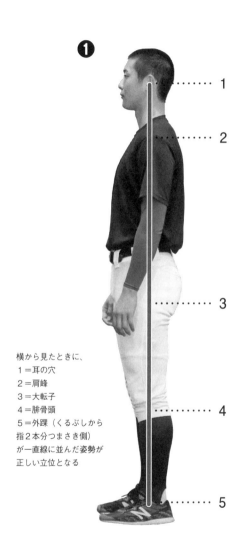

この正しい立位の姿勢がわかってくると、さまざまなトレーニングに生かすことができる。たとえば、ウエイトトレーニングで行うスクワットでは、「3番（大転子）だけを曲げて」と伝えるだけで、正しい姿勢を取りやすくなる。

注意してほしいのは、「気をつけ」の姿勢とは違うということだ。「気をつけ」は、胸を張って顎を引いた姿勢であり、ピシッと立つことだけに重きを置いたもの。「立位」とは違い、次の動きにつながりにくい。

立位から歩き、走りへ

立位の姿勢が正しく取れなければ、歩くことにも走ることにもつながっていかない。立つことが歩くことに、歩くことが走ることに連動していくのだ。そこからさらに、「跳ぶ」「捻る」と難易度の高い動作が加わっていく。いわば、立位は運動を起こすためのスタート姿勢と思ってもらうとわかりやすいだろう。はじめの姿勢がぶれていると、そこから先の動作にも悪影響を与えていくことになる。

歩行のポイントは、といっても、普段は何も考えずに歩いているだろうが……、一歩踏み込んだときに、踏み込んだ足の上に重心を移し、立位の姿勢を作ることだ。それによって、次の一歩を踏み出しやすくなる。

練習の中で、「歩行」を入れることもある。ただただ歩く。「一本のライン上を真っすぐ歩く」と課題を出してみると、真っすぐ歩くことが意外に難しいことがわかる。少し早歩きをしようとして、腕の振りを早めると、左右どちらかにずれていくのだ。身体のどこかで動作不良が起き、連動性に欠けていると考えることができる。この状態から、強度を高めて、スピードを加える「走り」に移行していくと、余計に全身のバランスが崩れていくのは明らかなこと。歩きの延長線上に、走りがある。

歩きと走りのもっとも大きな違いは、「片足が着いているか、着いていないか」と定義づけることができる。歩くときは左右どちらかの足が地面に着いている局面が必ず存在し、これが、「競歩」のルールでもある。両足が地面から浮いた瞬間に、競歩ではなく「競走」になるのだ。

第1章で「走ることとは片足ジャンプの連続」と書いたが、それだけ不安定な状態での運動といえる。私の考えでは、「走る＝最高の体幹トレーニング」。学年が上がるにつれて、走り方がよくなっていく選手が多いが、それは連動性が身に付き、筋力も高くなってきた証である。

走ることにも、立位の姿勢は関わっていて、片足で地面を踏み込む局面において、1番から5番までが斜め一直線に並ぶ**（次ページ写真❷）**。足の速い選手に共通して見られる姿勢である。このときに3番が曲がって、横から見たときに身体が「く」の字に折れ曲がっていると、足を踏み込んだとしても、地面からのエネルギーを得にくい。姿勢が崩れる原因としては、骨盤周辺の動きの悪さや、体幹の弱さを挙げることができる。詳しい走り方に関しては、第4章をぜひ見ていただきたい。

骨盤を動かすことで身体をリセットする

立位の姿勢が、歩くことや走ることにつながっていることがわかってもらえただろうか。

じつは、何気なく立っているときに、5点が揃っている高校生はほとんどいな

走るときに斜め一直線になるのが、足の速い選手に共通して見られる姿勢

い。最近よく見るのが、1番（＝耳の穴）がずれて、前に出ていることだ（**写真❸**）。重たい頭が前にずれることにより、バランスを取るために骨盤が後傾し、膝が前に出ることになる。いわゆる、〝へっぴり腰〟の状態で5点がぐちゃぐちゃ。こういう選手であっても、意識をすれば5点を揃えることはできるのだが、強制的に作ったものなので、ちょっとした動きですぐに崩れてしまう。

❸

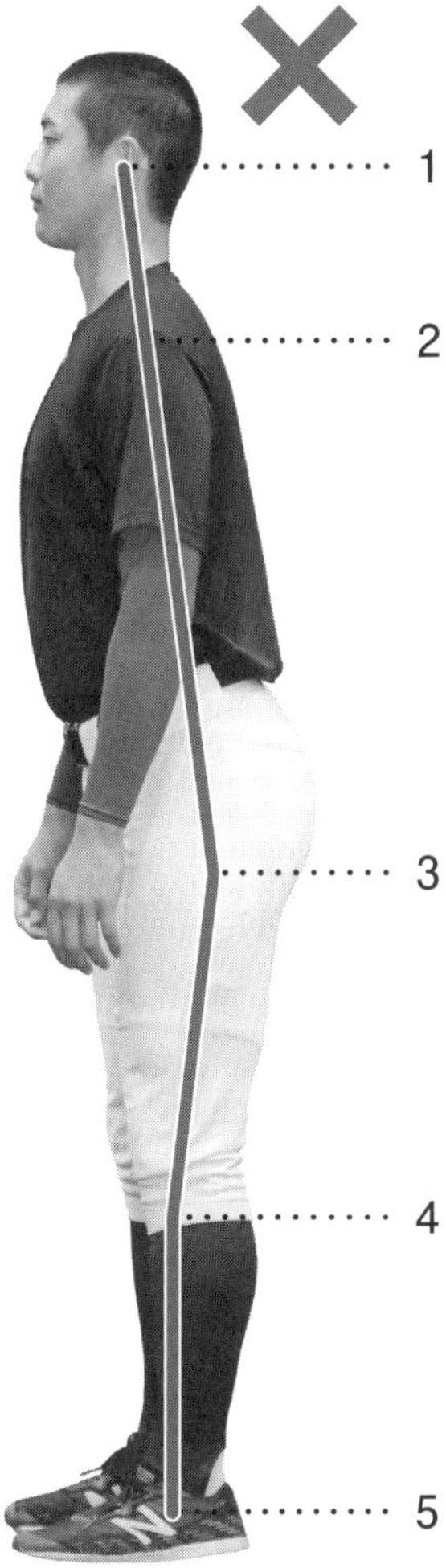

立位の姿勢が崩れているのはよくない

このタイプに共通しているのは、日ごろの生活から姿勢が崩れていることだ。教室のイスに座るときにも、骨盤を寝かせて背中を丸めた状態で授業を聞いている。自転車に乗るにしても、骨盤が後傾した状態で座る。

そして、近年一番の問題がスマホの長時間利用である。スマホを見ようとすると、頭が前に出る姿勢になり、必然的に立位の姿勢が崩れていくのだ。心当たりのある選手も多いのではないだろうか？　良いクセを付けるのには時間がかかるが、悪いクセはすぐに身に付いてしまうものだ。心の底から「うまくなりたい」と思っているのであれば、日常生活から意識を変えてほしい。

意識改革とともに必要となるのが、ストレッチを中心とした動き作りである。特に、骨盤周りの柔軟性をどれだけ高めることができるか。骨盤は仙骨と2枚の腸骨から成る、身体の中心部にある大きな骨であり、姿勢を作るのに重要な役割を果たしている。そのため、「骨盤の角度によって姿勢が決まる」と表現しても過言ではない。

私は中心部にある骨盤周りをストレッチすることで、身体の内部をひとつひとつバラバラにするイメージを持っている。固まってしまった身体を柔らかくすることによって、リセットするのだ。そのうえで、もう一度正しい位置に組み直していく。いわば、車にたとえるのなら車検やオーバーホールに出す感覚に近い。

ストレッチ＝筋肉をほぐす

ここからは、4K（骨盤・股関節・肩甲骨・胸郭）の柔軟性を高めるプログラムを紹介していきたい。当然、骨盤を動かせば、股関節周辺の筋肉にも刺激が入るので、骨盤と股関節の動きが合わさったプログラムもある。

ストレッチが得意な人もいれば、苦手な人もいるだろうが、誰もが筋肉を取ってしまえば、学校の理科室にあるような骨だけの人体模型になる。その状態になれば、可動域はほぼ一緒。すなわち、人間の可動域を狭めている原因は筋肉にある。使われない筋肉は硬く縮みやすく、柔らかさが失われていく。ストレッチを継続することによって、筋肉の緊張をほぐし、柔軟さを手に入れることができる。そのためにも、伸ばしたい部位をしっかりと伸ばすこと。間違ったやり方でやると、効果が薄くなってしまう。

一方で、ストレッチをすることで筋肉が伸びて、出力が弱まるという考えもある。だから、「練習や試合前にはやらないほうがいい」との話になるのだが、私はそれほど気にしていない。高校生の場合は、まずは柔軟性を高めることが先決だからだ。練習の開始だけでなく、合間の時間にもストレッチの習慣を付けるほうが大事だと思っている。

骨盤

骨盤の角度が姿勢を決める

骨盤の動きをおさらいすると、前傾・後傾・挙上・下制（**写真❶❷❸❹**）の4つがある。これらが複合的に合わさることで、野球の技術に直結する回旋運動が生まれてくる。**写真❺❻**は、背中側から見たゴロ捕球時の姿勢である。どちらが、ゴロ捕球に適した姿勢かすぐにわかるだろう。骨盤が後傾していると、捕球後の次の一歩をスムーズに出すことができず、スローイングにつながっていかない。スローイングミスが目立つ選手は、プレーを紐解いていくと、捕球姿勢に問題があることのほうが多い。

ピッチングで考えると、片足でバランスを取る局面が発生するが、ここで骨盤が後傾するると、かかと側に重心が乗ってしまい、どうしてもコントロールの乱れにつながっていく。二本足で立ったときだけでなく、一本足になったときにも、骨盤の角度が姿勢を決めていくことになる。

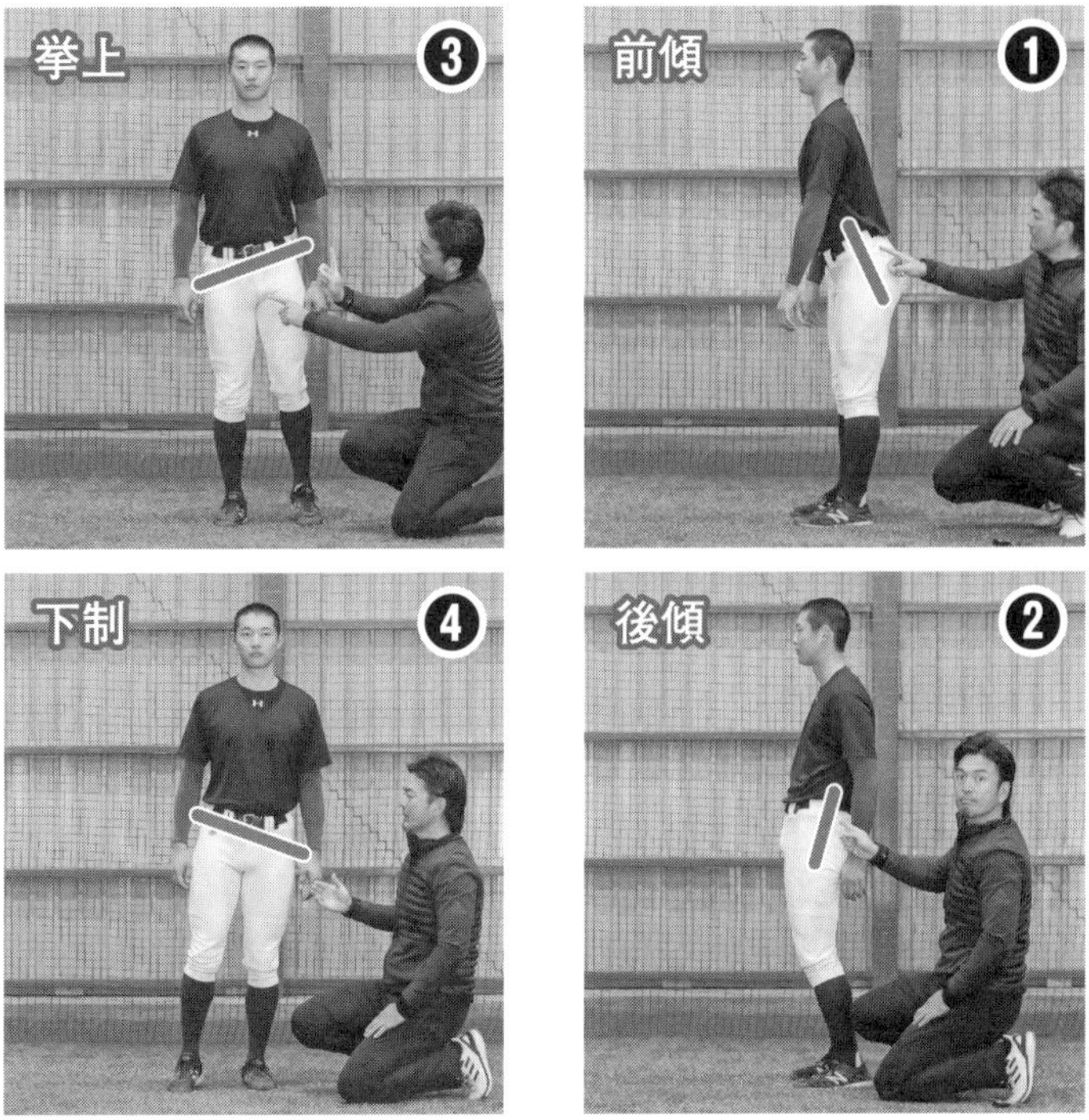

骨盤の動きには、前傾・後傾・挙上・下制の４つがある

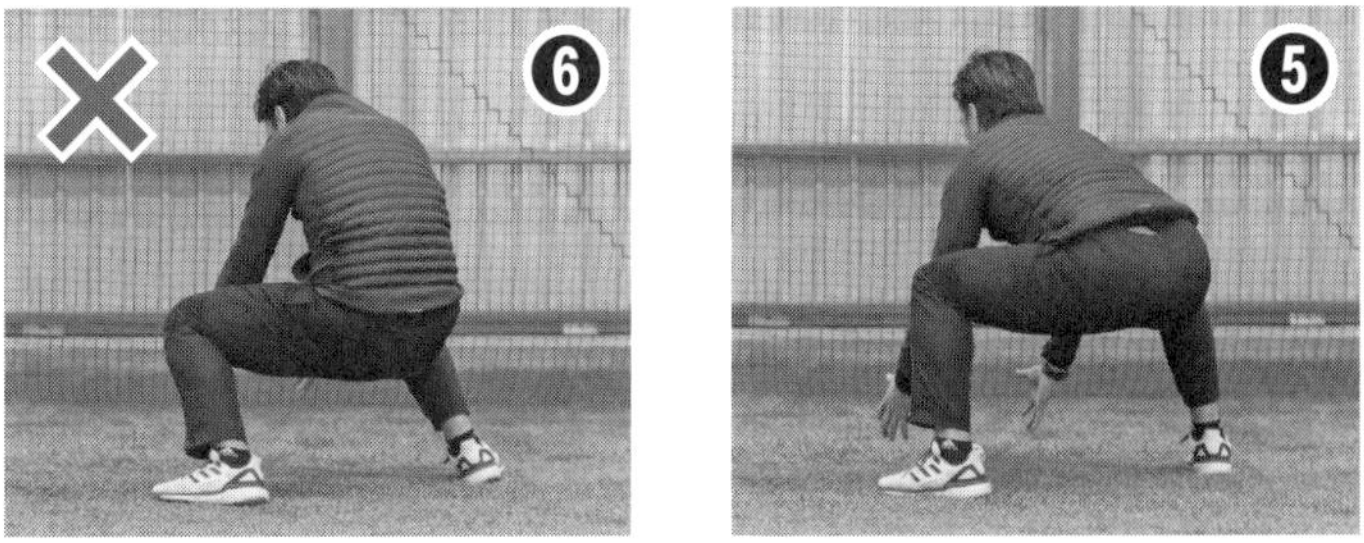

骨盤が後傾していると、捕球後の次の一歩をスムーズに出すことができず、
スローイングにつながっていかない

1 開脚

骨盤周辺の動きをよくする、もっとも基本的なストレッチが開脚である。アップのあとの体操の中に、必ず入れている。やればやるだけ柔らかくなるし、やらなければ動きは悪くなる。良いコンディションをキープするためにも、自分で取り組む習慣を付けてほしい。

最終の理想形は「土」の字であることを紹介したが、いきなりここを目指すのはさすがに難しい。サポート校の新入生には、1年生の夏をひとつの期限にして、「両肘を地面に着けるように」と目標を設定している。

写真❶がそのお手本となるが、注意点が4つある。

開脚をするとき「土」の字になるのが最終の理想形

①両足首を結んだ線より尻を後ろに持っていく
②つまさきを寝かさず、できるだけ上に向ける
③背中は丸めずに伸ばす
④尻を地面から浮かせる

足を180度近く広げる開脚もあるが、そこまでの柔軟性は求めていない。アプローチしたいのは、骨盤の前傾である。そのためには両足首を結んだ線よりも、尻を後ろに置くこと。両足は無理に広げる必要はなく、自分の可動範囲の中で構わない。

つまさきを寝かせると、足の内側靭帯にストレスがかかり、痛みを伴うことがあるので注意が必要だ。つまさきを立てることによって、大臀筋やハムストリングス、ふくらはぎが伸びるようになり、ストレッチ効果も高まる。

ただ、そもそも骨盤周りの筋肉が硬い選手は①②③の姿勢が取れない。私は「テディベア」と呼んでいるのだが、開脚の姿勢を取ろうとするだけで、骨盤が後ろに寝てしまい、上体を前に持っていくことができない。この姿勢になった瞬間、開脚に対する意欲がなくなる選手も多いだろう。骨盤が後傾すると、必然的に背中も丸まってしまう。

これを改善する方法として、メディシンボールや低いイスの上に尻を乗せるやり方がある**（次ページ写真❷）**。尻を持ち上げることによって、骨盤前傾が作りやすくなるのだ。

足を真っすぐ伸ばすのがきつければ、はじめは膝を曲げてしまっても構わない。もっとも重視したいのは、骨盤の後傾・前傾にアプローチをかけていくことである。

発展的なプログラムとして、尻を上げた開脚の姿勢を保ったまま、右手で右足のつまさきをタッチ、左手で左足のつまさきをタッチする。この動きを交互に繰り返すことで、開脚の姿勢で静止するよりも、骨盤や股関節周辺に刺激を入れることができる。

また、平地でやるよりも、坂道（下り坂）を利用したほうが、自然に体重が前に乗っていくので、骨盤の前傾を作りやすい。適度な坂道があれば、うまく活用してみてほしい（**写真❸**）。

尻を持ち上げることによって、骨盤前傾が作りやすくなる

坂道を利用すると、自然に体重が前に乗っていくので、骨盤の前傾を作りやすい

2 開脚移動

開脚の姿勢から、今度は手を使って前へ移動していく。前に移ったときには骨盤を地面に着けるようにする。このときは、つまさきを寝かせてしまって構わない。腰背部のストレッチにもつながっていく。そのあと、再び開脚の姿勢に戻り、この前後の動きをゆっくりと繰り返す。急いでやる必要はまったくないので、時間をかけて行うこと（**次ページ写真❹**）。

これも、骨盤だけでなく股関節周辺の柔軟性を養う効果がある。足を開きにくい選手は、自分ができる範囲の開脚角度でオッケーだ。❶と同様、坂道を利用するとやりやすいだろう（**写真❺**）。

❶と❷の開脚ドリルに共通するのは、足を開いた状態で骨盤の前傾を作ること。この形を作ることが、守備の

開脚移動も、坂道を利用するとやりやすい

4

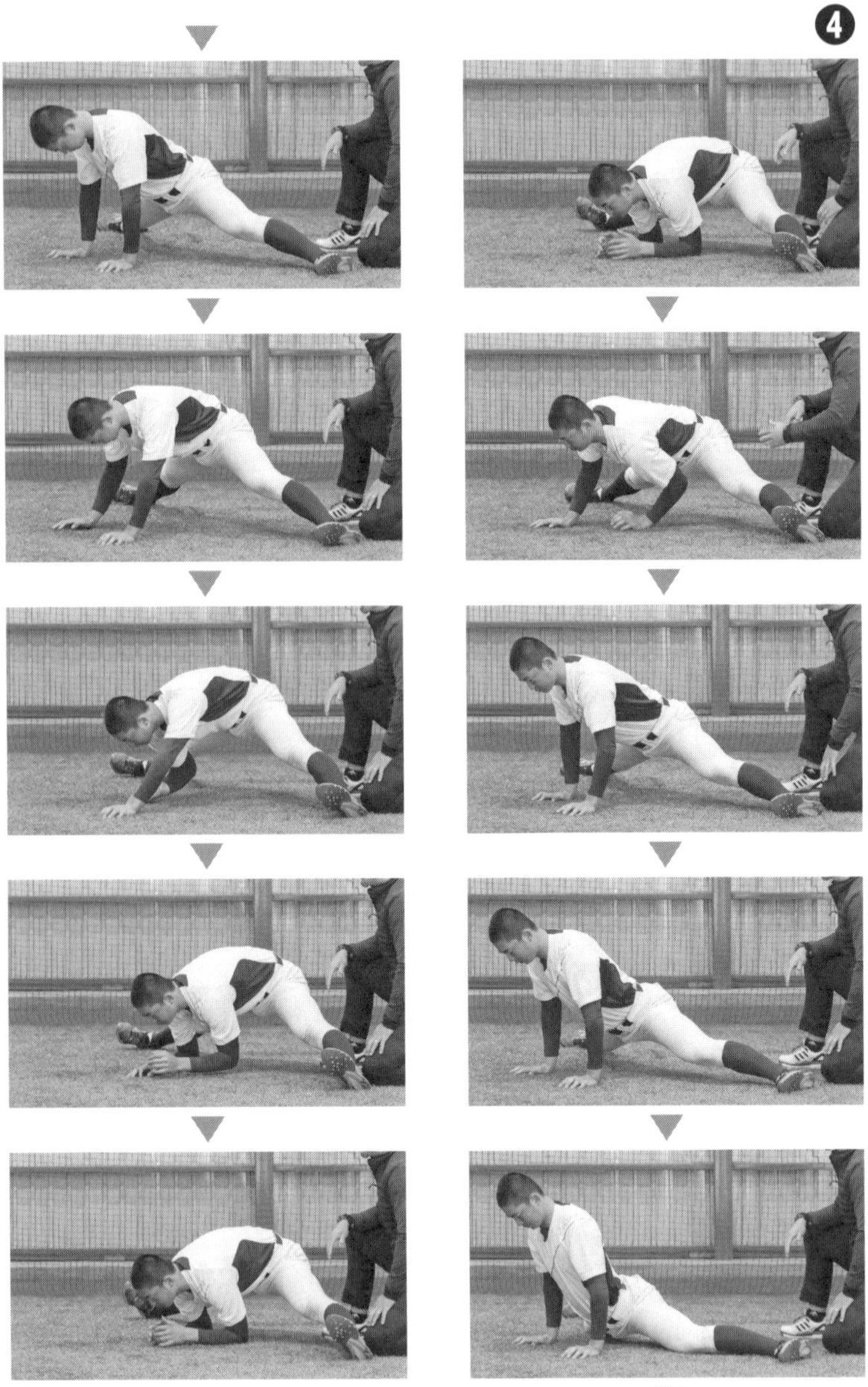

開脚の姿勢から手を使って前へ移動。そのあと再び開脚の姿勢に戻るという前後の動きをゆっくりと繰り返す

捕球姿勢や走塁のスタート姿勢に生きてくる。

3 オーバーヘッドスクワット

両手を頭の後ろに組んだ状態からのスクワット。両足のスタンスは、骨盤の幅と同じぐらいにして、広くなりすぎないようにする。

しゃがむ動作を見ると、骨盤の前傾を使えているかが一発でわかる。骨盤の動きが悪い選手は、しゃがみ始めるとすぐに骨盤が後傾してしまい、頭が前に出て、背中が丸まる。さらに、膝が前に出て、両足のかかとが浮いた状態となるため、この姿勢ではなかなか力を発揮することができない（**次ページ写真❻**）。

正しい動作としては、立位の姿勢から3番だけを後ろに曲げるようにして、骨盤前傾を作った状態でしゃがんでいく（**次ページ写真❼**）。太ももと地面が平行の関係にあるところまで、骨盤が前傾しているのが望ましい。しゃがんだときには、かかとが浮かないようにする。ゼロ負荷（＝自重）のときにこの姿勢が作れなければ、ウエイトトレーニングで高負荷のスクワットをやったときに、腰を痛めてしまうだろう。

手を頭の後ろで組むことで胸が張られ、頭が前に突っ込みにくくなる。写真のように棒

6

しゃがむ際に骨盤が後傾してしまい、頭が前に出て背中が丸まるのはよくない

7

太ももと地面が平行の関係にあるところまで、骨盤が前傾しているのが望ましい

状のものを担ぐようにすると、よりその効果が得られるだろう。スタンスをあえて狭くしているのは、骨盤の動きを引き出すためだ。スタンスを広くすると、骨盤の動きをごまかしても、簡単にしゃがむことができてしまう。足幅を閉じたほうが、骨盤の前傾・後傾の動きが必要になってくる。

両者の写真を見比べると、前者は膝を支点に動き、後者は骨盤を支点にして動いているのがわかるだろうか。「人間は、末端に行くほど器用に動ける」とすでに書いたが、膝は末端に近い関節であり、非常に器用に動く。だからこそ、できる限り頼りたくない関節でもあるのだ。身体の構造を考えると、膝は調整に使うものであり、動きの土台を作るものではない。あくまでも、土台となるのは身体の中心部にある骨盤である。

4 オーバーヘッドスクワット（歩行）

オーバーヘッドスクワットでしゃがんだ姿勢のまま、前方へ歩く（次ページ写真❽）。スクワットの発展型であり、しゃがむ動作が正しくできていないと、膝に負荷がかかってしまうので、順序を間違わないようにしておきたい。1年生の夏以降に取り組むプログラムとなる。

❽

スクワットの発展型。骨盤のクッションを使うイメージで、小刻みに弾むようにして進む

ポイントは、骨盤のクッションを使うイメージで、小刻みに弾むようにして進むこと。尻が上下に動いても構わない。半歩ずつでいいので、小さく歩いていく。

5 骨盤歩き（座り）

長座の姿勢から、骨盤の回旋運動を使って、前進・後退を繰り返す。右足を出すときは、左の骨盤を下げて（下制）、右の骨盤を上げる（挙上）。地面を引きずるのではなく、しっかりと骨盤を上げて、回旋運動を入れること。骨盤の動きに合わせて腕を振り、リズムよく行う**（次ページ写真❾）**。ただし、上体は極力揺れ動きがないようにする。骨盤周辺の動きが硬い選手は、長座をしたときに骨盤が後傾しがちだが、その際は膝を少し曲げても構わない。

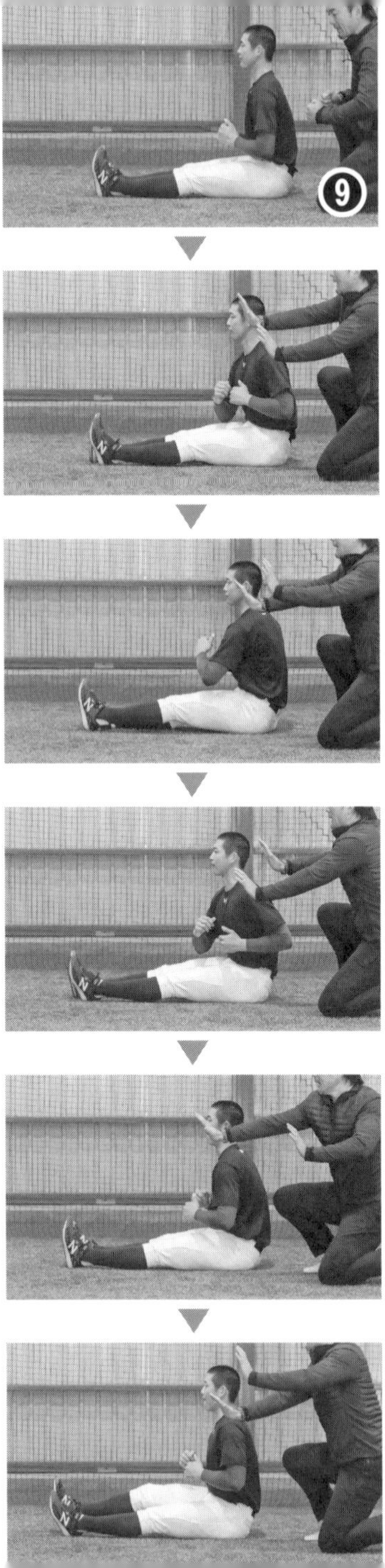

長座の姿勢から、骨盤の回旋運動を使って、前進・後退を繰り返す。上体は極力揺れ動きがないようにする

6 骨盤歩き（立ち）

今度は、立位の状態から骨盤の回旋を使って、歩いていく。座りのときは骨盤に意識を向けやすかったが、立位になると膝関節の自由度が効く分、末端を使ってしまいがちだ。その状態であっても、骨盤から動かす意識を持って、足を前に送っていく。座りのときと同様に、地面をすって歩かないように注意してほしい（**写真⑩**）。

⑩

立位の状態から骨盤の回旋を使って歩いていく。地面をすって歩かないように注意する

股関節

多くの筋肉が関与する股関節

続いては、4Kの2つ目となる股関節。骨盤（寛骨）と大腿骨をつなぐ役割を果たす球関節であり、前後・左右・内外旋の三次元方向に足を動かすことができる。専門的な言葉を使えば、屈曲・伸展、外転・内転、外旋・内旋と6つの働きを持つ。

「股」の言葉のイメージから、鼠径部のあたりにあると思っている人が多いが、正しい股関節の位置は身体の後ろ。英語で表記すれば「Hip joint」となり、尻側にあることが理解できるだろう。

最大の特徴は大腰筋、腸骨筋、大臀筋、大内転筋など、数多くの筋肉が関与していることで、その筋肉の総量は関節の中で最大となる。それだけに、股関節周りの柔軟性を高めることは、パフォーマンスを上げるために必要不可欠なことになる。

1 開脚回旋

外旋・内旋のドリルとしておすすめなのが、尻を上げた開脚姿勢からの回旋運動である。まず、上体を左に向けて、右手で左足のつまさきをタッチ。ここからさらに、写真のように左足の外側に両手を持っていくと、より回旋の角度がきつくなる。このとき、左足の股関節が外旋、右足の股関節が内旋した状態が作られている。左足のつまさきをしっかりと上げることによって、大臀筋からハムストリングスにかけてのストレッチにもなる。このあと、再び開脚の姿勢に戻り、右側に上体を捻り、同じ動作を行う**（次ページ写真❶）**。

このように、動的な要素を加えることによって、柔軟性だけではなく強さも身に付けることができる。また、左右両方で同じ動きをすることで、自分がどちら側の回旋が苦手かもわかってくるはずだ。得意不得意を認識したうえで、左右の偏りがないようにしていきたい。

❶

尻を上げた開脚姿勢からの回旋運動。動的な要素を加えることで、柔軟性だけでなく強さも身に付けることができる

2 伸脚

「伸脚」というプログラム名はわからなくても、動きを見れば、誰もが一度は準備体操でやったことがあるはずだ。ただ、残念ながら、多くの人が間違ったやり方でやっている。

伸脚を丁寧に正しくできれば、主に股関節の屈曲・伸展にアプローチすることができる。

6つのポイントがあるので、整理しておきたい。

①両足首を結んだ線よりも尻を後ろに持っていく
②伸ばした側の足のつまさきは上方向へ
③右足を伸ばした場合は右手で右足のつまさきをつかむ
④曲げた側の足のかかとを地面に着ける
⑤曲げた側の股関節、膝、つまさきの方向性を一致させる
⑥左右の移動の際に目線をぶらさない

開脚と同様に、両足を結んだ線よりも尻を後ろ側に持ってくる。結んだ線と同じ位置に持ってくると、どうしても膝を使って伸脚することになり、ストレッチの目的が変わってきてしまう。伸ばした側の足のつまさきを上方向に向けることで、大臀筋やハムストリングスにアプローチをかけることができる。

気を付けたいのが、曲げた側の足。かかとが地面から浮いてしまうと、膝が前に出て股関節周辺の筋肉が働きにくくなる。かかとは地面に着けた状態で、股関節、膝、つまさきの方向性を一致させる**（次ページ写真❷）**。よくあるのが、膝が内側に入る「ニーイン・

伸ばした側の足のつまさきを上方向に向けることで、大臀筋やハムストリングスにアプローチをかけることができる

トゥーアウト」の状態である（写真❸）。こうなると、力の方向性がずれ、膝を痛める原因になってしまう。野球のプレーを考えたときにも、膝が内側に入った姿勢で打球を捕ろうとすると、頭が突っ込みやすくなり、たとえ捕球したとしてもスローイングへの体重移動が難しくなる。ピッチングにおいても、軸足で立った状態から体重移動を起こす際、膝が内側に早く入ると、身体がキャッチャー方向に突っ込む原因となる。

　左右の伸脚を繰り返す際には、目線をぶらさないことがポイントになる。膝を中心に動かすと、目線が上下動しやすくなるので、股関節を中心にして「尻で後方に半円を描く」とイメージするといいだろう。主役にすべきは膝ではなく、股関節となる。

　なお、伸脚のときに無理をして深く沈む必要はない。深く沈もうとして、曲げた側のかかとが浮いてしまったら本末転倒。股関節を主役にして動くことを、一番の狙いとして捉えてほしい。

膝が内側に入ると、力の方向性がずれ、膝を痛める原因になってしまう

3 ハードル越え

股の高さに設定したハードルを数台置き、骨盤の挙上や股関節の回旋を使って、リズムよく跳び越えていく。ハードルに対して正面から跳び越えるバージョン（写真❹）と、横向きに跳び越えるバージョン（次ページ写真❺）の2種類がある。大会前や大会期に取り組むことで、身体のキレを出すことにつながっていく。

片足を上げることで、どうしても不安定な状態になるが、このときに軸が倒れたり、骨盤が後傾して背中が丸まったりしないように心がけたい（写真❻❼）。股関節の動きが悪いと、軸を傾けることでしか足が上がらなくなる。回旋運動をスムーズにしていくためにも、ハードルを使ったドリルはおすすめ。もし、ハードルがなければ、工事現場でよく見かける三角コーンでも代用できる。

股関節の動きが悪いと、軸を傾けることでしか足が上がらなくなる

4

骨盤の挙上や股関節の
回旋を使って、リズム
よく跳び越えていく

❺

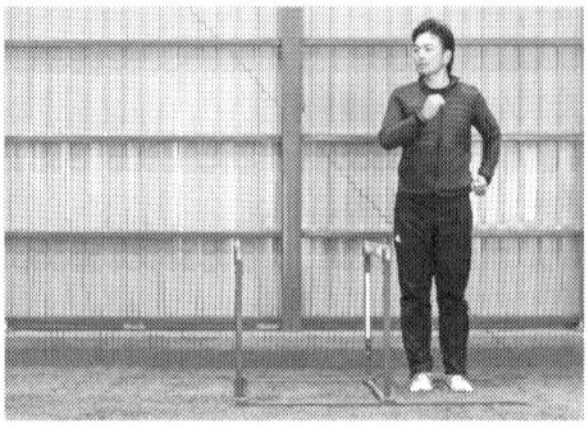

4 レッグランジ

股関節の柔軟性と強さを養うレッグランジ。立位の姿勢から片足を前方へ踏み込み、ピタッと止まる。止まったあとには、一歩で立位の姿勢に戻り、今度は逆側の足を前方へ踏み込む。バランスを崩すことなく、この動作を繰り返す（次ページ写真❽）。さまざまな学校で目にするプログラムだが、正しく行うためのポイントを解説したい。

① 踏み出した膝の角度は約90度にして、つまさきよりも出ない
② 踏み出した側の股関節で体重を受け止める
③ 後ろ足をしっかりと伸ばしたうえで膝を落としすぎない
④ 上体を過度に傾けたり、突っ込みすぎたりしない

踏み出した膝が前に出すぎてしまうと、膝にかかる負担が大きくなり、痛める原因になりかねない。ここでも、主役にするのは股関節だ。ピッチャーの踏み出し足にもつながる話で、膝を足よりも前に出してしまうと膝が主役になりやすく、多くの筋肉が関与する股

立位の姿勢から片足を前方へ踏み込み、ピタッと止まる。また立位の姿勢に戻り、今度は逆側の足を前方へ踏み込む

関節の強さを発揮できなくなる。

後ろ足にもポイントがあり、膝を落としすぎないようにすること。ピッチングの際、後ろ膝が落ちると、その動きに釣られて、投げ手の肘が下がりやすくなる。レッグランジは、ピッチングフォームにつながる要素が多いだけに、ピッチャーは特に高い意識を持って取り組んでほしい。

5 ジャンピングレッグランジ（負荷あり）

2年生の秋以降に取り組む、負荷をかけてのジャンピングレッグランジ。

股関節を前後に広げたレッグランジの姿勢から、空中で小さくジャンプして、一瞬で入れ替える（右足前・左足後ろの姿勢であれば、右足後ろ・左足前となる）。足を入れ替えて着地する際に、ぐらぐらと揺れずに、ピタッと止まることがポイント。膝で止まろうとすると不安定になるので、体幹部や股関節を使って止まる感覚を磨く。

自重でも十分なトレーニングになるが、学年が上がるにつれて、負荷を加えていく。それが、建設現場で足場を組むときに使う単管（約2メートル、砂を詰めて15キロほどの重さ）を使ったプログラムである。踏み込んだ足の前に単管を立て、右足前のときは左手だ

股関節を前後に広げたレッグランジの
姿勢から、空中で小さくジャンプして、
一瞬で入れ替える動作を繰り返す

❾

けでつかむ。ここから足の入れ替えに合わせて、今度は右手でつかむ（**写真❾**）。写真で見ると簡単そうに見えるかもしれないが、15キロの重さを受け止めていくので、想像以上にきつい動きになる。ピッチングの際、踏み出し足がぶれてしまう選手に、特におすすめとなる。

単管がなければ、ウエイトトレーニングで使うシャフトでもいい。ただ、シャフトは20キロのものが多いので、単管以上に強い負荷がかかることになる。

6 伸脚（負荷あり）

もうひとつ、単管を使ったプログラムに「ワイパー」がある。

2で紹介した伸脚の動きに、単管を加えて行う。単管が左右に振れる動きが、車のワイパーに似ているところから名付けた。

次のページの**写真❿**のように、伸脚の姿勢から片手で単管を持ち、ワイパーの動きをイメージしながら、逆方向に大きく振る。このとき、手だけでワイパーを持ち上げようとするのではなく、股関節の屈曲・伸展を使って、ワイパーを移動させる。そして、自分自身も単管とともに動き、今度は逆側の手で単管をキャッチ。右膝を曲げたときは右手、左膝

⑩

伸脚の姿勢から片手で単管を持ち、ワイパーの動きをイメージしながら、股関節の屈曲・伸展を使って逆方向に大きく振る

を曲げたときは左手でつかむ。やってみるとわかるが、曲げた側の股関節にかなりの負荷がかかる。単管が上から下に落ちてくるため、その重さで身体が持っていかれそうになるが、体幹部や股関節の力を使って耐える。

ただし、正しい伸脚姿勢が取れていなければ、膝に負担がかかることになり、せっかくのトレーニングが故障につながる場合もある。繰り返しになるが、負荷をかける動きは、身体の使い方を覚えてからにしておきたい。

7 ジャンプ

股関節の伸展・屈曲を覚えるためのジャンプ（**写真⓫**）。スクワットで骨盤の正しい前傾を身に付けてからのプログラムとなる。

ジャンプで高く遠くに跳ぶには、深く沈む準備動作が必要になる。このとき、下半身はスクワット姿勢を取って股関節を屈曲、上半身は肩関節を後ろに伸展させる。そして、股関節を伸展、肩関節を前方に屈曲させることによって、一瞬で最大のエネルギーを発揮させる。地面を踏み込む強さが、ジャンプ力に比例していく。

骨盤の可動性、股関節周辺の柔軟性を身に付けたとしても、それを力に変換できなければ

⓫

スクワット姿勢から、股関節を伸展、肩関節を前方に屈曲させることによって、一瞬で最大のエネルギーを発揮させる

ば、野球のパフォーマンスにはつながっていかない。「柔軟性は必要ではあるが、柔らかいだけではダメ」ということだ。

肩甲骨

肩甲骨面で動くことを覚える

4Kの3つ目は肩甲骨。肩甲骨は上腕骨とともに肩甲上腕関節を、鎖骨とともに肩鎖関節を構成し、「腕の動きの土台を成す骨」と表現することができる。すなわち、ボールを投げること、バットを振ることに直接的な関わりを持ってくる。動きとしては、挙上・下制、内転・外転、上方回旋・下方回旋の6つがある。

肩甲骨の柔軟性を高めるために、細かいプログラムがいくつもあるのだが、私の考えとしては、「骨盤が動けば、肩甲骨が連動する」「下半身が動けば、上半身も動く」。だから、第一に重視するのは骨盤と肩甲骨の可動性を高めることであり、そのあとに肩甲骨に意識を向ける。
知識として覚えてほしいのは、立位の姿勢を取ったときに、「肩甲骨は斜め前方に向いている」ということだ。専門的には「肩甲骨面＝スキャプラプレーン（Scapular Plane）」と呼ばれる。手を身体の真横に広げたときが0度と仮定すると、そこから前方30〜45度にくるのが、肩甲骨の構造に適した角度といえる。試しに、両手を真横に広げてみると（0度の状態）、肩甲骨に引っかかりがあるのがわかるはずだ。

これを野球の動きの中に生かしていく。たとえば、ピッチャーのテイクバックで、「背中の後ろにまで、腕を入れないように」と言われたことがあるかもしれないが、そこまで入り込むと、肩甲骨に引っかかりが出て肘が上がりにくくなるのだ。この状態で無理して投げていると、身体のどこかにストレスがかかり、ケガにつながってしまう。バッターにしても、テイクバックで背中の後ろまでグリップを持っていくと、どうしてもバットの出が悪くなる。

選手に伝えているのは、「周辺視野の中でプレーをしよう」ということだ。両手を横に広げたとき、おおよそ140度の範囲であれば、視界に捉えることができる。テイクバックに入るときも、その範囲内で動作を起こす。それが障害予防とともに、技術を高めることにもつながっていく。

肩甲骨が使われるための準備をする

とはいえ、野球においては、肩甲骨面から外れた動きも当然出てくる。ピッチングフォームを例に取ると、身体の回旋とともに胸が張られていくときに、遠心力がかかり、肩甲骨が内転する動きが生まれる。このとき、自らの力で内側に寄せようとするのではなく、遠心力に身を任せ、自然に寄せられる柔らかさが必要となるのだ。これを身に付けることが、俗に言われる〝腕のしなり〟にもつながっていく。

大事なことは、「肩甲骨が使われるための準備をする」という考え方を持つことだ。自然な動きの中で、どれだけ柔軟に動ける身体を作れるか。そのために日々のストレッチがあると言っていいだろう。

肩甲骨のストレッチにとても重宝しているのが、私が開発した「サプルバット」である。重量は金属バットと同じ９００グラムで、長さは１３０センチ。両端はグリップの形状をしていて、意図的に左右のバランスを変えているため、素振りにも使うことができる優れものだ。

人間の本能として、棒状のものを手にすると、自然に身体を動かしたくなるもので、サプルバットが手元にあったほうが、ストレッチの頻度が上がる。伸縮性のあるゴムやバンドを使ったストレッチも見るが、ゴムが縮まる力に耐えようとして、どうしても手に力が入ってしまう。そうなると、ストレッチ効果が薄くなるので、手にはできる限り力を入れずに、リラックスした状態で取り組みたい。

いくつか、サポート校で実践している棒体操を紹介したい。肩甲骨だけでなく、肩関節や脇腹などのストレッチも入っているが、いずれも野球に必要な柔軟性を高めるものなので、実践してみてほしい。

棒体操 1

肩甲骨の挙上（上方に上げる）、下制（下方に下げる）、内転（内に寄せる）、外転（外に開く）を組み合わせたストレッチ。足の踏み込みに合わせて、棒を持った両手を頭の上から尻のほうまで下ろしていく（**写真❶**）。胸を大きく広げる動きに連動して、肩甲骨が内転していくのがわかるはずだ。胸がグッと張る動きが、ピッチングの胸の張りにも連動してくる。あとで紹介する、胸郭のストレッチにもつながっていく。

❶

足の踏み込みに合わせて、棒を持った両手を頭の上から尻のほうまで下ろしていく

棒体操 2

上方回旋や下方回旋を組み合わせて、前から後ろ、後ろから前へ、肩甲骨を回していく**（次ページ写真❷）**。動きが小さくならないように、大きくダイナミックに身体を動かしていく。どこかに引っかかりがあれば、肩甲骨がスムーズに動きにくい局面があるということだ。文字と写真だけでは動きのイメージが湧きにくいと思うので、動画をぜひ参考にしてほしい。

❷

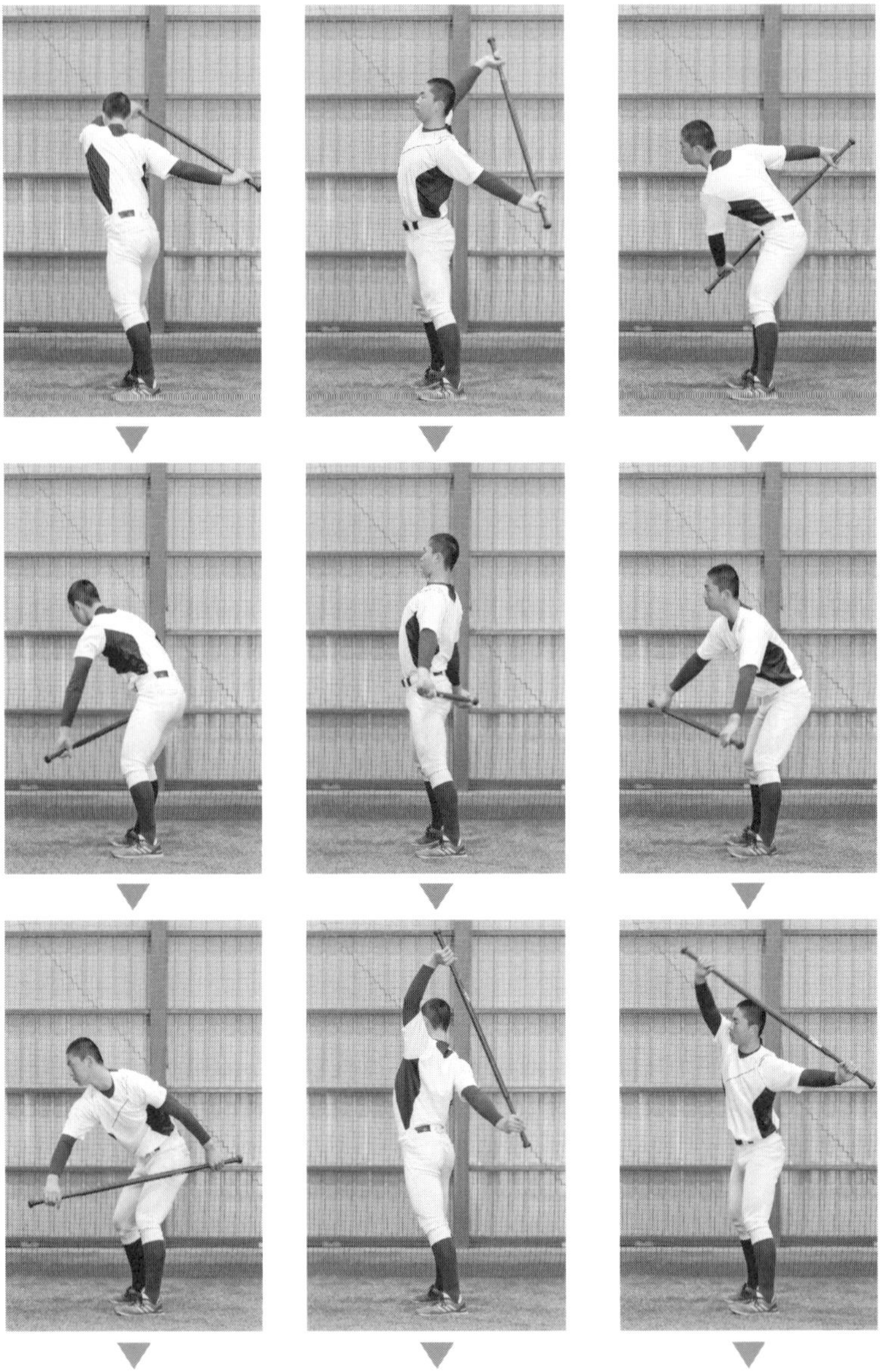

上方回旋や下方回旋を組み合わせ、前から後ろ、後ろから前へ、肩甲骨を回していく

棒体操 3

手のひらを上に向けて、棒の端を中指・薬指・小指を中心にして握る。親指は棒から外しておく。この体勢から、肩甲骨を外転させながら、棒を後ろから前に回していく。肩甲骨を広げ、肘を伸ばし、最終的には手のひらが上を向く状態となる（**写真❸**）。背中を丸めてしまって構わない。回しきれないところまでいったあとは、今度は肩甲骨を内転させて、スタート姿勢に戻る。

❸

肩甲骨を外転させながら、棒を後ろから前に回していく。そのあとは、今度は肩甲骨を内転させていく

棒体操 4

背中の後ろに通した棒の先端を、肩の上に持ってきた右手で持ち、左手は棒の逆側に添える。この状態からシーソーのイメージで、地面と平行の高さまで棒を動かす（逆の手も同様に行う）（写真❹）。主に肩甲骨の挙上と下制を使った動きになる。肩甲骨周りが硬い選手は、平行の高さに持ってくるのが難しいはずだ。

注意点としては、立位の姿勢のまま行うこと。背中を丸めたり、頭が下がったりすると、肩甲骨のストレッチ効果が薄れてしまう。

❹

スタート姿勢からシーソーのイメージで、地面と平行の高さまで棒を動かす

棒体操 5

投球動作に直結するストレッチ。写真のように、肩と肘を同じ高さにした状態から、肩関節を外旋させる。親指と人差し指で棒の端を持ち、もう一方の手で棒をシーソーのようにゆっくりと動かす（**写真❺**）。肩関節の可動域が広い選手であれば、地面と平行の位置まで棒を持ってくることができる。こうした肩周りの柔らかさが、ピッチング時の腕のしなりにもつながっていく。

❺

▼

▼

投球動作に直結するストレッチ。
肩と肘を同じ高さにした状態から、
肩関節を外旋させる

棒体操 6

脇腹を中心にした体側を伸ばすストレッチ。足を肩幅よりも広く開き、棒を肩にかついだ姿勢から、右手を右足、左手を左足に付けるようにして上体を倒す（次ページ写真❻）。頭が前に倒れると、体側を伸ばすことができなくなるので注意。膝を伸ばしてやるのが理想だが、ふくらはぎやハムストリングスが硬い選手は、多少は膝を曲げても構わない。

日常的に、体側を伸ばす機会は少ない。体側が硬くなると、投球時に腕を上げるときに引っ張られるような感覚になる。投球時に利き腕が上がりにくくなってしまうので、棒体操を習慣づけておきたい。

❻

棒を肩にかついだ姿勢から、
右手を右足、左手を左足に付
けるようにして上体を倒す

棒体操 7

足を肩幅よりも広く開き、上半身を地面と平行にまで傾ける。この状態から腰の高さは変えずに、右手を左足、左手を右足に付けるように身体を捻る（写真❼）。さきほどと同じように、ふくらはぎやハムストリングスに痛みを感じる場合は、膝を曲げていい。第一の目的として、捻転に意識を置く。

❼

上半身を地面と平行にまで傾けて、腰の高さは変えずに右手を左足、左手を右足に付けるように身体を捻る

胸郭

12個の胸椎、左右12対の肋骨、1個の胸骨から成る鳥かご状の骨組みを胸郭という。「胸郭の柔軟性」と聞いてもあまりピンとこないかもしれないが、具体的に言うと、特に肩甲骨の最下部（胸椎の7番目近辺）あたりを動かしたい。肋骨と肋骨の間にある肋間筋と言い換えてもいいだろう。ここが硬くなってくると、バットの振り幅や腕の振りが小さくなっていく。

1 ブリッジ

子どもの頃は当たり前のようにできていたブリッジも、骨が成熟されるにつれて、できなくなることがある。それは骨が伸びることによって、骨の周りの筋肉や関節が硬くなり、柔軟性を失っていくからだ。特に胸椎は硬くなりやすいので、ブリッジによって胸椎と胸椎の間にある関節をひとつひとつほぐしていく。

ブリッジの姿勢をキープするには、背筋を中心にした体幹部の強さや、肩関節の柔軟性も必要になってくる。かかとを上げることによって、さらに負荷がかかる。また、ブリッジの体勢のまま前後に歩行すると、なお効果が高くなる（**写真❶**）。

❶

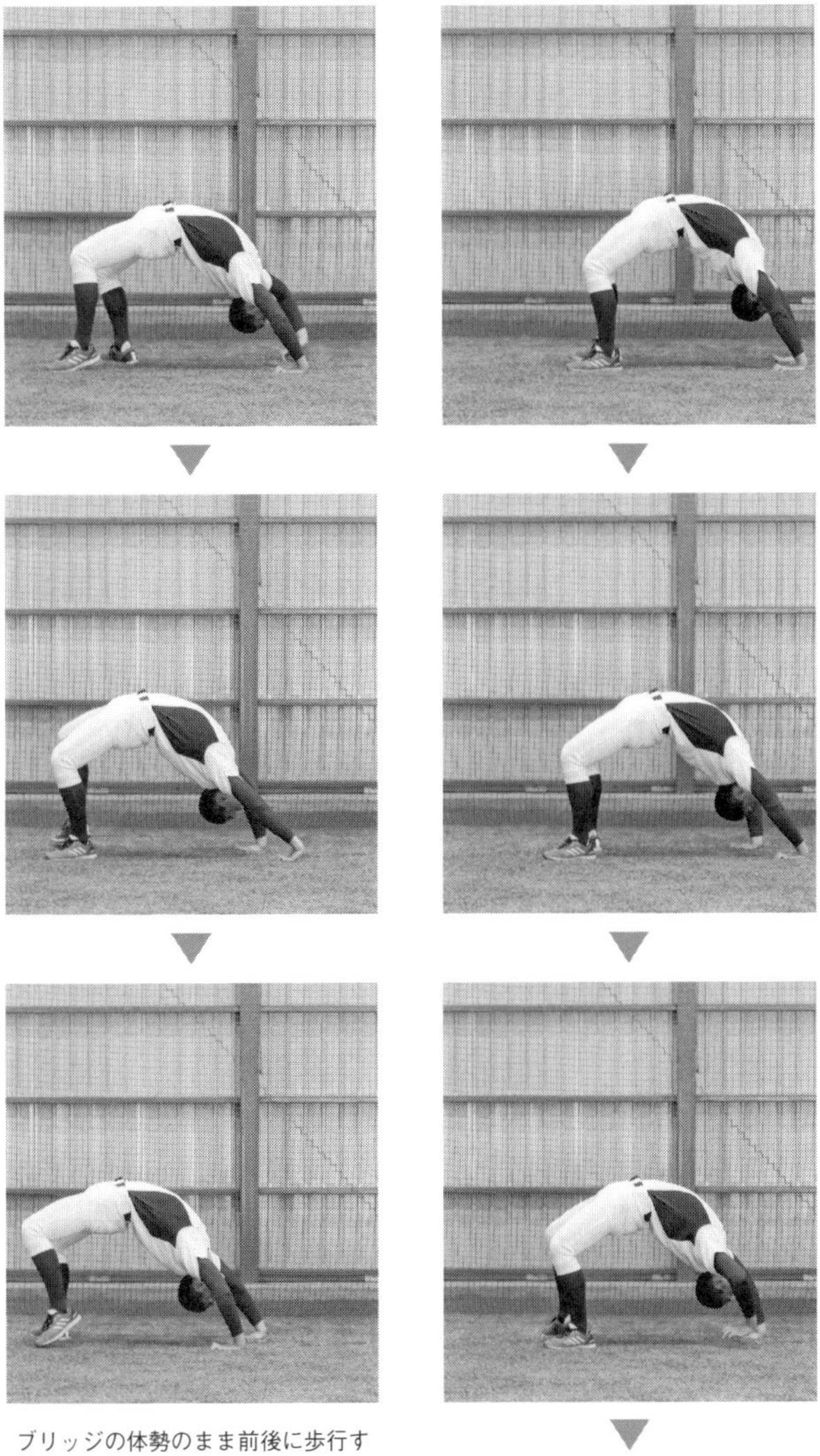

ブリッジの体勢のまま前後に歩行すると、なお効果が高くなる

❷ ストレッチポールドリル

ストレッチポール（円形の筒）を利用した胸郭の体操。肩甲骨の下部にストレッチポールを置き、その状態から腹筋を行う。ストレッチポールがあることで肋間筋が伸び、胸が開きやすくなる（**写真❷**）。さらに、ストレッチポールを置いた状態から、頭の上に片手ずつ交互に上げていくことで、胸郭の動きをより感じやすくなる（**写真❸**）。

❷

肩甲骨の下部にストレッチポールを置き、その状態から腹筋を行う

ストレッチポールを置いた状態から、
頭の上に片手ずつ交互に上げていく

3

3 胸郭捻り

四つん這いの姿勢から、片手を前方に伸ばし、もう一方の手を脇腹の下に通す。次は逆も行う（**写真❹**）。肩甲骨の下部にある胸椎の7番目あたりが捻られ、肋間筋をほぐすことにつながっていく。サポート校では、練習後のクールダウンの中に入っているプログラムである。

❹

四つん這いの姿勢から、写真のように片手を前方に伸ばし、もう一方の手を脇腹の下に通す

第3章

体幹を極める

体幹＝ビキニパンツ＋タンクトップ

第3章からは、「筋力強化」の話に入っていきたい。柔軟性と連動性を高めたうえで、そこに〝強さ〟を加えることによって、高い出力を発揮できるようになる。第3章で「体幹」、続く第4章で「ウエイトトレーニング」に焦点を当てて、筋力の高め方を解説したい。

前述したとおり、体幹は下半身と上半身をつなぐ役割を果たし、下半身で生み出したエネルギーをロスなく発揮するための手助けをする。

では、体幹とはどこを指すのか——？

何となく、腹筋や背筋をイメージする人が多いかもしれないが、私は「ビキニパンツ＋タンクトップ」と定義づけている。わかりやすく言えば、腕と脚を取り除いた身体の中心部ということだ。もしかしたら、みなさんが思っている体幹よりも広い範囲だろうか。

下と上をつなぎ、ロスなくエネルギーを伝えていくには、この体幹部の安定性が必要になる。動きのたびに体の中心がぶれてしまうと、四肢（手足）もぶれることになり、プレーの精度が落ちるだけでなく、出力も上がっていかない。体幹が安定しているからこそ、四肢を自由に動かすことができるのだ。

ピッチングにおいて考えると、片足を上げたときに体幹の筋力が弱いと、軸足でバランスよく立つことができない。骨盤の前傾を作れたとしても、同じ動作を何度も繰り返すには、体幹の強さが必要になる。一般的に、先発投手であれば120球は軸足で立つ局面があるわけで、その間に体幹がへばってしまったら、勝てるピッチャーにはなれないだろう。また、「腕を振りなさい」という表現もあるが、体幹の安定がなければ、腕を強く振ることもできなくなる。

走る動作にも、体幹が大きく関わっている。短距離でも長距離でも、足の速い選手に共通するのは、ユニホームの胸のマークが常に進行方向に向いていることだ。箱根駅伝で強さを見せる青山学院大の選手たちは、テレビ中継に映るとき、胸の「青山学院大」の文字がきれいに見える。あれこそ、体幹が安定していて、腕と脚をしっかりと使えている証である。足の遅い選手になると、体幹がぶれるために、ユニホームの胸のマークが捻れてしまうのだ。

体幹は不安定な局面でこそ鍛えられる

この体幹をどのようにして鍛えていくか。

キーワードとなるのが、「不安定さ」だ。人間はバランスが崩れそうになったときに、体幹の筋力を使って、何とかバランスを保とうとする。片足立ちになったとき、地面に接地している足でバランスを取っているように見えるが、体幹の筋力そのものがなければ、全身を支えることはできない。つまりは、不安定な状態をあえて作ることによって、体幹強化にアプローチをかけることができるのだ。

走ることもそのひとつ。繰り返しになるが、走ることは立派な体幹トレーニングだと考えている。その証拠に、普段さほど走っていない選手がいつもよりも多めの距離を走ると、腹筋が攣り始める。体幹が使われているからこそ、筋肉が攣ってくるのだ。第2章でも少し解説したが、走りはジャンプ動作の繰り返しであり、必然的に不安定な状態から安定を求めて、体幹の筋肉が活発に働く。

私がよく組むプログラムが、半径20メートルの円を、反時計回りに1周18秒で走ることだ。季節にもよるがだいたい10本。設定タイムは決して難しいものではない。直線で走るよりも、身体を傾けて走るほうが不安定さは増すため、体幹トレーニングにつながっていく。反時計回りにしているのは、野球のベースランニングと同じ回りにしたいから。厳密に言えば、走る角度や距離は変わってくるが、身体を左側に倒して走ることを習慣づける狙いがある。

トレーナーの視点からすると、円にすることによって、スタートとゴールを同時に見られるメリットもある。走る前の選手も、走り終えた選手も一カ所に集まってくるので、声をかけやすい。何気ないことのように思うかもしれないが、指導するうえでは大きなポイントといえる。

体幹強化プログラム

1 腕立て伏せ（＋プランク）

ここからは、体幹を強化するための具体的なプログラムを紹介していきたい。

まずは、誰もが知っている腕立て伏せ。その名のとおり、「腕の筋力を鍛える」と思っている人が多いだろうが、決してそうではない。腕立て伏せもまた、体幹トレーニングとして活用できるのだ。

ポイントは足先から頭まで一直線を作り、その状態を保ったまま、腕立て伏せを行うことだ（**次ページ写真❶**）。横から見たときに、立位の5点（耳の穴、肩峰、大転子、腓骨

❶

足先から頭まで一直線を作り、その状態を保ったまま、腕立て伏せを行う

頭、外踝）が一直線に揃った姿勢であり、立位を保とうとすることで体幹を鍛えることができる。胸を真下ではなく、斜め前に落としていくイメージを持つと、やりやすいだろう。

この動きを基本にしたうえで、ここに「プランク」（両足・両肘の4点で姿勢を保持）を加えると、さらに体幹強化に焦点を当てることができる。腕立て伏せをしたあとに、プランクの姿勢に移り、静止。そのあと元の姿勢に戻り、腕立てを行う（**写真❷**）。この動きを何度も繰り返すのだ。

姿勢が切り替わるところで、必ず片手で全身のバランスを整える局面が入るが、大事なのはこのときに体幹を左右どちらかに寄せないことである。特に、プランクから腕立て伏せに戻るときに、曲げているほうの肘に体幹をずらしたくなるが、そのずれを極力なくす。体幹は身体の中心に置いたまま、四肢だけを動かしていくのがポイントとなる。

❷

「プランク」（両足・両肘の４点で姿勢を保持）を加えると、さらなる体幹強化につながる

2 腕立て伏せ（上り下り）

1で行った腕立て伏せの発展型。両手の外側に、ボールカゴ（あるいはビールケースのような高さのあるもの）を裏返しに置く。この箱に右手・左手の順で乗せ、そのあとに右手・左手の順で下ろし、腕立て伏せの姿勢に戻る（**写真❸**）。この動作を繰り返す。箱の上と下で、それぞれ腕立て伏せを入れることで、さらに負荷をかけることもできる。

ここでのポイントも体幹をぶらさないことである。片手だけの姿勢になっても、体幹は身体の中心に置いておく。たいていの選手は、左手で支えているときには、体幹も左側にずれてしまう（**次ページ写真❹**）。1年生のうちは多少のぶれは仕方がないところだが、学年が上がっていく中で、このぶれをなくしていきたい。

このとき、1で紹介した腕立て伏せの一直線の姿勢は崩さないように注意。体幹がへばってくると、尻を上げるなどして、姿勢がどうしても崩れてくる（**次ページ写真❺**）。常に、5点を揃えた立位の姿勢を保持しておく。

箱の上と下で、それぞれ腕立て伏せを入れることで、さらに負荷をかけることもできる

❸

片手だけの姿勢になっても、体幹は身体の中心に置いておくのがポイント

体幹がへばってきても、尻を上げるなど姿勢が崩れないように注意する

3 手押し車

腕立て伏せからつながるプログラムに手押し車がある。誰もが取り組んだことがあると思うが、はたして正しくできているだろうか。ポイントは、腕立て伏せのスタート姿勢と同じように、5点が揃った姿勢を保つことである。この姿勢のまま、手を使って歩いていく（**次ページ写真❻**）。

と、ここまでは理解している人が多いだろう。じつは、補助する側の足の持ち方にもうひとつのポイントがある。〝全国共通〟とも思えるのが、パートナーが足首を持つやり方だ。これでも間違いではないのだが、体幹に負荷をかけるには、つまさきを持ったほうがいい（**次ページ写真❼**）。歩く側からすると、つまさきを保持されたほうが、姿勢をキープするのがきつくなるのだ。より不安定な状態になるため、それだけ体幹にかかる負荷が強くなる。せっかくやるのなら、体幹強化につなげたほうが意味のあるトレーニングになるはずだ。

❻

腕立て伏せのスタート姿勢と同じように、５点が揃った状態のまま手を使って歩いていく

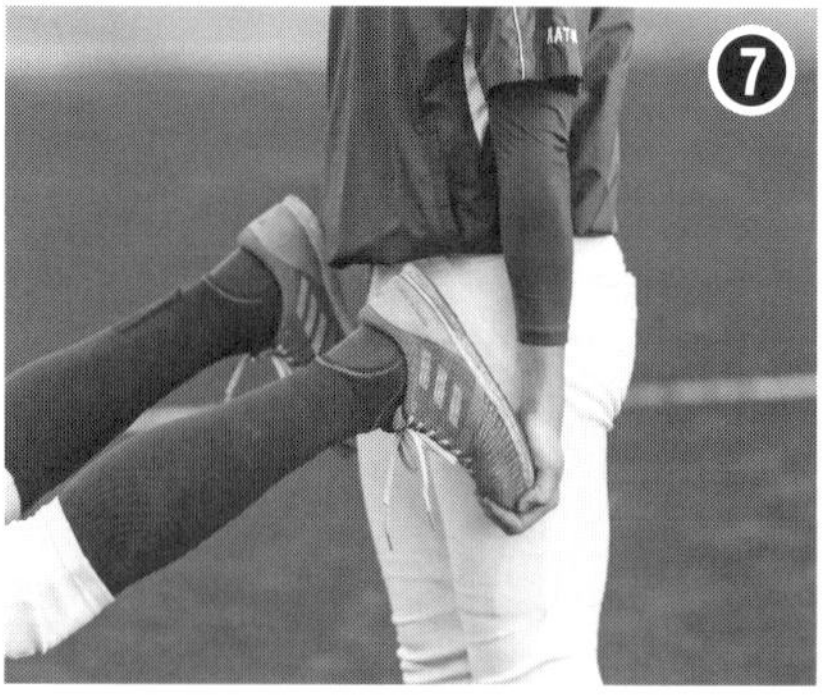

体幹に負荷をかけるには、つまさきを持ったほうがいい

4 片足バランス

ピッチャーのトレーニングに直結する片足でのバランス取り。立位から片足を上げて、そのまま上体を斜めにグーッと倒していく。バランスを取るために、両手は横に広げて構わない（次ページ写真❽）。

このとき、足（外踝）から頭（耳の穴）まで立位の姿勢を崩さないことがポイントになる。第3章に入ってから「立位」というキーワードが何度も出てきているが、それだけ5点を揃えた姿勢が大事になるのだ。頭が下がってしまったり、尻が上がったりすると、おのずとバランスが崩れていく。

今と同じ動きを、伸縮性のあるゴムバンドを使って行う。肩から足裏にバンドをかけて、上体を斜めに倒す（次ページ写真❾）。ゴムバンドで引っ張られる負荷に負けずに、背中やハムストリングス、膝の裏をしっかりと伸ばす。

この動きを左右それぞれの足で実践する。おそらく、右ピッチャーであれば、通常のピッチングフォームと同じように、右足で立ったときのほうがバランスを取りやすいはずだ。だからこそ、あえて左足で立つ動きも磨いていく。野球は左右非対称の動きが多いため、

❽

▼

▼

▼

▼

▼

立位から片足を上げて、そのまま上体を斜めに
グーッと倒していく

伸縮性のあるゴムバンドを肩から足裏にかけて、
上体を斜めに倒すと、さらに負荷が強まる

❾

おのずと左右の筋力バランスが崩れていきやすい。トレーニングの中では、左右両方の動きを高めていきたい。

5 スライズ

私が日ごろお世話になっている「SKLZ（スキルズ）」のスライズというアイテム（スライドボード）を使った体幹トレーニング。スライズの上に両手や両足を乗せることで、手足をスライドさせることができる（写真⑩）。

写真⑪は腕立て伏せの姿勢からスライズの上に両足を乗せて、足を前後左右に動かすドリルだ。尻の上下動を極力抑えて、足だけを動かしていく。手足を動かす中でも、体幹はぶらさずにキープし続ける。見た目以上に、きついトレーニングである。

スライズの上に両手や両足を乗せることで、
手足をスライドさせることができる

⓫

腕立て伏せの姿勢から、スライズの上に両足を乗せて、足を前後左右に動かしていく

❻ タイヤ押し（片足伸び）

続いてはタイヤを使った体幹トレーニング。さまざまな学校で、タイヤを押しながら走る「タイヤ押し」を見かけるが、私が指導する高校では取り入れていない。一般的なタイヤ押しでは、尻が上がってしまい、体幹を鍛えることにつながっていかないからだ。それに、タイヤを速く押すことに意識が向く選手がいて、何のトレーニングなのかわからなくなることも多い。

私もタイヤ押しをプログラムに入れてはいるが、少し違ったアプローチをしているので紹介したい。

しゃがんだ状態から、両手両足を使って、タイヤを前方へ押していく。身体が伸び切ったところで止まり、そこから片足を後ろから前へ振り上げるようにして、タイヤの近くにまで持っていく。そして、膝を90度に曲げて、足裏全体で地面を踏む（**写真⓬**）。踏み込みが甘いと膝が90度よりも鋭角になり、かかとも浮いてしまう。

ここでの目的は、股関節の伸展と屈曲を使って、股関節の可動域を高めることである。股関節を最大に伸ばし、最大に曲げることによって、可動域を広げるとともに強さを養う

⑫

タイヤを前方へ押して身体が伸び切ったところで止まり、片足を後ろから前へ振り上げるようにして、タイヤの近くまで持っていく

ことができる。

この姿勢を作ったあとは、曲げたほうの足の力を使って、タイヤを前方へ運ぶ。このとき、頭から尻を結んだラインと地面ができるだけ平行になるように、体幹を使って姿勢を保持する。疲れてくると、どうしても尻が上がってしまうので注意が必要となる。

7 タイヤ押し（両足伸び）

しゃがんだ状態から、両手両足で押していくところまでは6のプログラムと同じ。体をしっかりと伸ばし、頭から足先まで一直線に伸び切った姿勢を意識する。膝が曲がったり、尻が上がったりしないようにしたい。体幹が弱い選手は、この姿勢を作ろうとするだけで、腹筋がプルプルと震えるかもしれない。

そして、今度は両足でジャンプして、タイヤの手前まで身体を運ぶ（**写真⑬**）。このとき、両足のかかとを地面に着ける。膝を主役にして動いている選手は、かかとが上がりやすくなるので、ここでも股関節の伸展と屈曲をフルに使うことを意識する。

目安としては、片足伸びは20歩、両足伸びは15歩を1セットとして考えている。両足伸びのときは、パートナーを後ろに付けて、実践している選手の身体が伸び切るまで、かかとを押さえるやり方もおすすめだ。ハードなトレーニングになるが、正しい形でやることによって、トレーニング効果が上がっていくのは間違いない。

⑬

タイヤを前方へ押して体を一直線に伸び切った姿勢を保ち、両足でジャンプしてタイヤの手前まで身体を運ぶ

8 背筋空中歩き

背筋を強化するトレーニング。自分の目で見える腹筋や大腿四頭筋など、身体の表側を鍛えたくなる選手が多いが、爆発力やスピードを生み出すのは身体の裏側。背筋や大臀筋、ハムストリングスなどは、別名「アクセル筋」と呼ばれることもある。

おすすめが、写真のように二人一組で行うプログラムとなる。一人が、パートナーの脇の下から後頭部のほうに両足をかけて、後頭部の後ろで足を組む。パートナーが身体を反らし、上体が地面と平行になるまでグイッと持ち上げる。この姿勢をキープしたまま歩いていく（**写真⑭**）。はじめは塁間から始め、最終的にはベース1周を歩けるようにする。

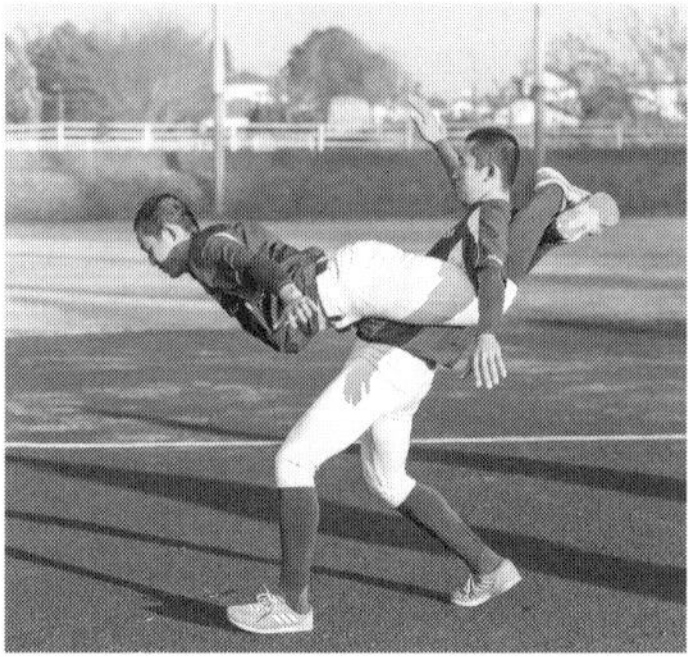

パートナーが身体を反らし、上体が地面と平行になるまでグイッと持ち上げた状態のまま歩いていく

強い力を生み出す捻転運動

4Kの柔軟性を高め、体幹の筋力を鍛えたうえで、野球の動作の特徴となる「捻転運動」にアプローチをかけていく。捻転＝捻れの運動であり、回転運動とは意味合いが違う。捻転を引き起こすには、身体のどこかが止まっていなければいけない。

ピッチングフォームで考えるのなら、土台となる下半身が安定しているからこそ、前足を踏み込んだときに、上と下の捻れを作ることができる。そして、捻ったものを開放することによって、大きなエネルギーを生み出せる。ピッチャーは「踏み込んだときの半身の姿勢が大事」とよく言われるが、このときに前肩が開いていないことが大事であり、ダルビッシュ有投手（シカゴ・カブス）や田中将大投手（ニューヨーク・ヤンキース）のフォームを見ると、その意味が理解できるはずだ。

一方の回転動作は、下半身も上半身も1枚の板のように同時に回ることで、俗に言われる「開きが早い」と評されるフォームにつながってしまう。

ただ、間違ってはいけないのは、強い力を発揮するには回転動作も必要ということだ。「回転してはいけない」という意識が強すぎて、窮屈な動作になっている選手がじつは多い。動きの順番としては、捻転動作のあとに回転動作が起きる。これを頭に入れておいてほしい。

捻転運動に必要な柔軟性と体幹

では、強い捻転を生み出すには何が必要になるのか。

それが、ここまで解説してきた柔軟性や体幹の強さになる。たとえば、ピッチャーが半身の姿勢でテイクバックを取る際、胸郭の動きが硬ければ、捻れを作り出すことができない。それ以前に、骨盤が後傾したままであっては、フォーム全体のバランスが崩れ、捻転を作るまでに至らないだろう。軸が傾いてしまったら、鋭く強い捻転動作は生まれてこないのだ。

さらに、捻ることは、必然的にバランスの崩れにもつながっていく。試しに、片足で立ってみてほしい。ただ立つだけなら楽に立てるだろうが、今度はそこに上体の捻りを加えてみる。そうすると、重心が変わり、足元がぐらぐらするはずだ。このぶれを少なくするためにも、やはり体幹の強化が必要になってくる。サポート校で実践している、おすすめの捻転トレーニングを紹介したい。

捻転強化プログラム

❶ レッグランジ捻転歩行

第2章で紹介したレッグランジの発展型。手にはサプルバット（普通のバットでもOK）を持ち、右足を踏み出したときは左から右へ、左足を踏み出したときは右から左へ、体幹の力を使ってバットを振る。バットを振るタイミングとしては、足を踏み出す前に振ると、上と下のバランスが合いやすい（**写真❶**）。

バットを振ることによって上半身に捻転動作が生まれるが、ここで大事になるのが下半身を安定させることである。イメージとしては、下半身を止めて、背骨を軸にして上半身を捻らせる。背中が丸まっていたり、のけぞっていたりすると、うまく回旋運動が生まれてこない。

下半身の動きで特に注意したいのが、踏み出した足の膝だ。バットを振ったときに膝が外に割れると、これだけで力は逃げることになる（**次ページ写真❷**）。ピッチングフォームを見ても、前足の膝が割れる選手は、どうしても出力が弱くなってしまう。内転筋を締

❶

レッグランジの発展型。右足を踏み出したときは左から右へ、左足を踏み出したときは右から左へ、体幹の力を使ってバットを振る

2 ✕

バットを振ったときに膝が外に割れると、
力が逃げることになるのでNG

める意識で、しっかりとカベを作りたい。

また、捻転を意識するあまり、写真のＮＧ例のように上体を大きく回してしまう選手がいる（**写真❸**）。バッティングにたとえるのなら、ピッチャーから目線を外して、テイクバックを取るのと同じことになる。進行方向からは目を逸らさないようにしておく。

❸

捻転を意識するあまり、上体を大きく回してしまうのもよくない

2 タイヤ捻転歩行

タイヤを使って、バッティングにつながる捻転動作を覚えていく。

下半身は横向きにステップしたうえで、上半身にだけグーッと捻りを加える。右バッターであれば、右足に重心が乗ったときに上半身を右に捻り、右足の股関節にエネルギーをためる。そこから、バッティングと同様に左足のつまさきを踏み出し、かかとを踏むタイミングで上半身を左に捻る（**動画参照**）。

タイヤは両手で持つのではなく、タイヤの横に手を置いて挟み込む。持とうとすると腕力が求められるが、挟み込むことによって体幹にも負荷がかかってくる。

ヘソの向きにも注意が必要で、タイヤがヘソの前を追い越すまでは、ヘソが進行方向に向かないようにする。イメージとしては「手が出てから、骨盤が回る」。実際にバッティングでも、このぐらいの意識で振ったほうが、下と上の動きがかみ合いやすい。

なお、このプログラムに限らず、トレーニングは基本的に二人一組で行うことが多い。パートナーの補助が必要なこともあるが、そのほかに「相手が正しくできているか確認する」という意味がある（休憩も兼ねつつ）。私は毎日いるわけではないので、選手自身で正しいフォームや動きを覚えなければ、チーム全体の底上げにはならないのだ。仲間同士で指摘して、教え合えるようになることが、「自立」「自律」の道につながっていく。

第4章

ウエイトトレーニングを極める

可動域＋連動性＋筋肥大＋関節強化

柔軟性、連動性、体幹強化と解説してきたが、身体を動かしながら読んでくれているだろうか。1日や1週間で劇的に柔らかくなることはないが、継続することによって必ず身体は変わってくる。「継続は力なり」を信じて、続けてほしい。そして、せっかく時間をかけてやるのなら、指導者にノルマを与えられてやるよりは、自ら立てた目標に向かって、主体的に取り組んだほうが意味のあるものになるはずだ。第1章で紹介した3つのジリツ（自立・自律・時律）を常に心に留めながら、取り組んでほしい。

4Kの柔軟性を獲得し、各筋肉の連動性を学び、体幹を鍛え、その次にくるのがウエイトトレーニングである。現場の指導では、同時並行的に進めていくところもあるが、ウエイトトレーニングの負荷に耐えられる土台がなければ、ケガのリスクが出てくる。だから、1年生の春から重たい器具を持ち上げるのは、私の中ではナンセンス。身体を鍛える順番を、しっかりと頭に入れておいてほしい。

では、なぜ、ウエイトトレーニングをやるのか——？

まずは、この〝そもそも論〟から入っていきたい。昔から、日本では「高校生にはまだウエイトトレーニングは必要ない」「身体が硬くなる」「筋肉が付きすぎて、可動域が狭くなる」といった意見が出てくるが、「正しいやり方でやれば、まったく問題ない。むしろ、やるべきである」というのが私の考えだ。

大きく分けて、ウエイトトレーニングには4つの意味と効果がある。

①可動域を広げる
②連動性を覚えるフォーム作り
③筋肥大
④関節強化

重たい器具を持つことによって、自重でのストレッチよりも、関節の可動域が広がりやすくなる。第2章で柔軟性について解説してきたが、さまざまなストレッチにウエイトトレーニングを加えることで、より柔らかい身体を手に入れることができるわけだ。

連動性についても同じで、重たいものを扱おうとしたら、手先だけではどこかで無理が出てくる。たとえば、スクワットをやるときに身体の中心部である体幹や骨盤、股関節周辺から動いていかなければ、重たいバーベルを持ち上げることはできない。力だけで挙げようとしたら、ケガにつながるだけである。

もうひとつは、筋肥大だ。筋肉は、何千もの細かい筋繊維が束状になってできていて、この筋繊維が肥大し、体積が増加していくことを筋肥大という。肥大させるには、トレーニングによって負荷をかけて、筋繊維の一部を壊していく必要がある。そこに適切な栄養や休息を入れることで、筋肉が修復され、以前よりも少し太くなっていくのだ。この過程を繰り返すことで、筋肥大が起きる。仮に、同じ身長・体重で同じ動作ができるのなら、筋肉量が多い選手のほうが、高いエネルギーを発揮することができる。

自重のトレーニングでも筋肥大を促すことはできるが、同じ負荷でやり続けていても、筋繊維への強い刺激は望めない。少しずつ重量を上げて、負荷を高めていかなければいけない。そのためにも、正しい重量を設定することが、筋肥大を起こすためのひとつの大事な要素となる。

ただし、勘違いしてほしくないのは、ウエイトトレーニングで〝力持ち自慢〟を養成しているわけではない、ということだ。スクワットで140キロを挙げたとしても、野球の技術向上につながっていなければ何ら意味はない。これまでの話の繰り返しになるが、身体を正しく使うことの先に「筋力強化」がある。

また、これは見過ごされやすいところだが、重たい器具を挙げることで、骨と骨をつなぐ関節を強化することができる。関節の強化は強い出力を生み出すだけでなく、ケガのリスクを下げることにもつながっていく。

「BIG3」に特化したトレーニング

ウエイトトレーニングのプログラムは無数に存在する。専門書を購入すれば、ひとつひとつのプログラムに対するやり方と効果が細かく記載されているはずだ。ただ、高校の野球部がそこまで細かいことをやろうとすると、880日ではやりきれなくなってしまう。トレーニング専門のコーチが毎日いるわけでもない。「あれも、これも」と手を出した結果、中途半端に終わってしまうのが、一番もったいないことである。

私は、選手たちに「BIG3を正しく、丁寧にやろう。さらに専門的なことをやりたければ、大学や社会人、プロに行ってからでも遅くはないから」と伝えている。

ウエイトトレーニングをやったことのある人であれば、一度は耳にしたことがあるだろうが、スクワット・ベンチプレス・デッドリフト（＊膝の高さから持ち上げるルーマニアンデッドリフトを採用）のことをBIG3と呼ぶ。3つのプログラムを行うことによって、大きな筋肉をまとめて鍛えることができるので、非常にトレーニング効果が高い。それぞれのプログラムの質を高めることが、自分自身の身体を変えていくことに直結していく。

ベンチプレス＝平均80キロ以上が目標

サポート校では、1年夏あたりから本格的にウエイトトレーニングを始めていくが、最初は低負荷からスタートする。どのぐらいの重さかといえば、一律40キロから始めることが多い。そこで正しいフォームを徹底的に覚える。40キロを「軽い」と感じる選手でも、器用な手先だけで挙げようとしていては意味がなく、「80キロのバーベルを持ち上げるイメージで、身体の中心部から動かすように」と指導している。

毎年、わかりやすい目標として設定するのが、「2年生全員、シーズンイン前のベンチプレス平均＝80キロ以上（換算MAX）」である。2年生の2月をひとつの期限として、平均80キロ以上を目指す。60キロしか挙げられない選手がいても、別の選手が100キロを超えれば、平均で80キロになる計算だ。チーム全体の取り組む意識を上げるために、あえて〝平均〟で設定している。

換算MAXというのは、私の中での計算方法で「75キロが4回挙がれば、MAXは80キロ」と計算している。なぜなら、MAXの重量（1回を何とか必死に挙げられる重さ）で取り組むと、身体にかかる負荷が強くなりすぎてしまい、フォームの崩れやケガにつながる恐れがあるからだ。

なぜ、80キロかというと、2012年に健大高崎がセンバツベスト4に勝ち進んだときの平均が80・2キロだったからだ。それ以降も、甲子園で勝ち進めるチームは必ずといっていいほど、80キロを超えている。私のアスレティックトレーナーとしての経験から、甲子園で勝つことを目指すのであれば、最低限越えなければいけないラインといえる。

ただ、トレーニングの意味合いを考えると、本来はスクワットで目標となる数字を設定したい。身体の土台となる下半身を強化するプログラムであり、スクワットの重量が上がれば、必然的にベンチプレスの数字も上がってきやすいからだ。BIG3のうち、どれを重視するかと聞かれたら、まずはスクワットとなる。

それでも、ベンチプレスをひとつの基準にするのは、「高校生のモチベーションがもっとも上がりやすい」という背景がある。上半身の筋力を鍛えることで、自分の体が視覚的に変わっていくのがよくわかるのだ。いわゆる〝力こぶ〟も発達して、鏡の前でポーズを取りたくなってくる。上半身に筋肉が付いていくのを実感できれば、ウエイトトレーニングにも前向きな気持ちになっていくはずだ。

ケガ防止のため3人一組で回す

基本的にウエイトトレーニングにかける時間は1日約50分。週2日から3日で、シーズンオフは1カ月に10回できるのが理想となる。

次のページにあるのがチームで使用するウエイトトレーニング日誌の一例であり、1ページに10回分の記録を書き込めるようにしている。もし、10月が8回で終わったとしても、残りの2回分は空白のまま、新しい用紙を使っていく。そうすれば、1カ月に何回取り組めたのか、すぐに振り返ることができる。重さやセット数も記すことで、自分の成長を可視化できるはずだ。

ひとつのプログラムに対して、3人一組で回り、1セット10回×5セット行う。一気に5セットやるのではなく、1セット終えるたびに、次の選手に交代する。3人で組んでいるのは、残りの2人が仲間のフォームを確認する、バーベルが挙がらなくなったときにサポートに入る、休憩を取る、以上3つの意味合いを兼ねているからだ。1人でやるのは安全面でのリスクが高いので、絶対にやめるように。

もし負荷に耐えられず、つぶれそうになっても、ほかの2人がバーベルに手を添えてサポートしてあげる。助けを借りてもいいので、1セット10回をやりきることをチームのルールとしている。

トレーニングにかける時間の話をすると、1セット10回を終えるのに20〜25秒の計算で、次の人への交代やバーベルのセッティングを含めると、1セット＝おおよそ1分。3人で回していくので、全員が1セットを終えるのに3分かかり、一人が2分ずつ休めることになる。休みがあまりにも長いと、疲労が回復してしまうので、2分ぐらいがちょうどいいだろう。

この計算でいくと、3人（3分）×5セット＝15分で、これを3種目行うので45分〜50分。器具の数によっても組める人数は変わってくるが、1グループ＝約18人で回していくと、うまくローテーションできるはずだ。

筋肥大を促すための適性重量

ウエイトトレーニングで大事になってくるのが、適正重量の設定である。はじめは40キロからフォーム作りをしていき、ある程度正しいフォームで動けるようになったところで、重量を上げていく。

No.

年　氏名

	種目	部位	日にち	MAX	80%
1	ベンチプレス	胸・肩前	／	kg	kg
2	デッドリフト	下半身・背面	／	kg	kg
3	スクワット	下半身	／	kg	kg
4			／	kg	kg

トレーニングは“ウソ”つかない!!

[　／　**現在　体重　kg**]

	日にち（　／　）	1set	2set	3set	4set	5set
	種目	kg／回	kg／回	kg／回	kg／回	kg／回
1	ベンチプレス	／	／	／	／	／
	(TOTAL挙上　t)	／	／	／	／	／
2	デッドリフト	／	／	／	／	／
	(TOTAL挙上　t)	／	／	／	／	／
3	スクワット	／	／	／	／	／
	(TOTAL挙上　t)	／	／	／	／	／
4		／	／	／	／	／
		／	／	／	／	／

	日にち（　／　）	1set	2set	3set	4set	5set
	種目	kg／回	kg／回	kg／回	kg／回	kg／回
1	ベンチプレス	／	／	／	／	／
	(TOTAL挙上　t)	／	／	／	／	／
2	デッドリフト	／	／	／	／	／
	(TOTAL挙上　t)	／	／	／	／	／
3	スクワット	／	／	／	／	／
	(TOTAL挙上　t)	／	／	／	／	／
4		／	／	／	／	／
		／	／	／	／	／

	日にち（　／　）	1set	2set	3set	4set	5set
	種目	kg／回	kg／回	kg／回	kg／回	kg／回
1	ベンチプレス	／	／	／	／	／
	(TOTAL挙上　t)	／	／	／	／	／
2	デッドリフト	／	／	／	／	／
	(TOTAL挙上　t)	／	／	／	／	／
3	スクワット	／	／	／	／	／
	(TOTAL挙上　t)	／	／	／	／	／
4		／	／	／	／	／
		／	／	／	／	／

	日にち（　／　）	1set	2set	3set	4set	5set
	種目	kg／回	kg／回	kg／回	kg／回	kg／回
1	ベンチプレス	／	／	／	／	／
	(TOTAL挙上　t)	／	／	／	／	／
2	デッドリフト	／	／	／	／	／
	(TOTAL挙上　t)	／	／	／	／	／
3	スクワット	／	／	／	／	／
	(TOTAL挙上　t)	／	／	／	／	／
4		／	／	／	／	／
		／	／	／	／	／

	日にち（　／　）	1set	2set	3set	4set	5set
	種目	kg／回	kg／回	kg／回	kg／回	kg／回
1	ベンチプレス	／	／	／	／	／
	(TOTAL挙上　t)	／	／	／	／	／
2	デッドリフト	／	／	／	／	／
	(TOTAL挙上　t)	／	／	／	／	／
3	スクワット	／	／	／	／	／
	(TOTAL挙上　t)	／	／	／	／	／
4		／	／	／	／	／
		／	／	／	／	／

	日にち（　／　）	1set	2set	3set	4set	5set
	種目	kg／回	kg／回	kg／回	kg／回	kg／回
1	ベンチプレス	／	／	／	／	／
	(TOTAL挙上　t)	／	／	／	／	／
2	デッドリフト	／	／	／	／	／
	(TOTAL挙上　t)	／	／	／	／	／
3	スクワット	／	／	／	／	／
	(TOTAL挙上　t)	／	／	／	／	／
4		／	／	／	／	／
		／	／	／	／	／

	日にち（　／　）	1set	2set	3set	4set	5set
	種目	kg／回	kg／回	kg／回	kg／回	kg／回
1	ベンチプレス	／	／	／	／	／
	(TOTAL挙上　t)	／	／	／	／	／
2	デッドリフト	／	／	／	／	／
	(TOTAL挙上　t)	／	／	／	／	／
3	スクワット	／	／	／	／	／
	(TOTAL挙上　t)	／	／	／	／	／
4		／	／	／	／	／
		／	／	／	／	／

	日にち（　／　）	1set	2set	3set	4set	5set
	種目	kg／回	kg／回	kg／回	kg／回	kg／回
1	ベンチプレス	／	／	／	／	／
	(TOTAL挙上　t)	／	／	／	／	／
2	デッドリフト	／	／	／	／	／
	(TOTAL挙上　t)	／	／	／	／	／
3	スクワット	／	／	／	／	／
	(TOTAL挙上　t)	／	／	／	／	／
4		／	／	／	／	／
		／	／	／	／	／

	日にち（　／　）	1set	2set	3set	4set	5set
	種目	kg／回	kg／回	kg／回	kg／回	kg／回
1	ベンチプレス	／	／	／	／	／
	(TOTAL挙上　t)	／	／	／	／	／
2	デッドリフト	／	／	／	／	／
	(TOTAL挙上　t)	／	／	／	／	／
3	スクワット	／	／	／	／	／
	(TOTAL挙上　t)	／	／	／	／	／
4		／	／	／	／	／
		／	／	／	／	／

	日にち（　／　）	1set	2set	3set	4set	5set
	種目	kg／回	kg／回	kg／回	kg／回	kg／回
1	ベンチプレス	／	／	／	／	／
	(TOTAL挙上　t)	／	／	／	／	／
2	デッドリフト	／	／	／	／	／
	(TOTAL挙上　t)	／	／	／	／	／
3	スクワット	／	／	／	／	／
	(TOTAL挙上　t)	／	／	／	／	／
4		／	／	／	／	／
		／	／	／	／	／

目安としては、3セット目を楽にクリアできるようなら、その重量では負荷が軽いと考えることができる。その場合は、上半身（ベンチプレス）であれば今の重量から5パーセント、下半身（スクワット、デッドリフト）であれば10パーセント増やす。ただ、パーセントで伝えると混乱してしまう選手がいるので、もっとシンプルに「上半身は＋5キロ、下半身は＋10キロ」のルールで行っている。

ＢＩＧ3のバランスとしては、高校生向けの計算式があるので覚えておいてほしい。

①ベンチプレスＭＡＸ×2・3×0・8＝デッドリフト1セットあたりの重量

②ベンチプレスＭＡＸ×1・8×0・8＝スクワット1セットあたりの重量

ベンチプレスのＭＡＸが80キロならば、デッドリフトは147キロ、スクワットは115キロがトレーニング負荷の目安となる。もし、ベンチプレスで80キロを挙げられるのに、スクワットが100キロぐらいできついようなら、上半身と下半身のバランスが合っていないか、ベンチプレスばかり一生懸命に取り組んでいる可能性がある。繰り返しになるが、一番重視してほしいのはスクワットである。

とはいえ……、ウエイトトレーニングは体重と比例する側面もあるため、「成長率」でも評価するようにしている。トレーニングを始めたときに、スクワットが80キロしか挙がらなかった選手が、一冬で120キロまで挙がるようになったとする。もう一人の選手は、120キロから130キロになった。成長率だけ見れば、前者のほうが高いわけで、努力を重ねた証といえる。

ＢＩＧ３のトレーニング法

ストレッチから入る

ここからは、ＢＩＧ３の具体的なやり方を細かく紹介していきたい。

まず、「いきなりやっていいんですか？」と質問を受けることがあるが、ある程度は身体を動かして、刺激を加えてからのほうがいい。キャッチボールをするときも、いきなり遠投から始めないだろう。

私は、腕立て・腹筋・背筋をだいたい30回ずつ行ってから、ウエイトをやるようにしている。これは体幹強化の意味合いではなく、ストレッチ効果を狙ったものだ。腕立て伏せをすれば胸が開き、肩甲骨の内転運動が起きる。腹筋は背中側、背筋は腹側を伸び縮みさせることができる。筋肉にもある程度の刺激を入れることができるので、おすすめである。

このとき、呼吸にも意識を向けておきたい。腹筋であれば、上体を下げたときに息を吸い、起きるときにフーッとゆっくり吐く。これはウエイトトレーニングの呼吸にもつながるところで、ベンチプレスであればバーベルを下ろすときに息を大きく吸い、風船を膨らませるようにして、胸を膨らませる。ここからバーベルを挙げるときに、短く吐き出して止める（シャウト）。そして残りの息を吐き出す。

野球の動作にも関わってくるが、呼吸法の基本としては力をためるときには息を吸い、力を発揮するときには息を吐き出す。プロ野球選手のバッティングを見ると、打つ瞬間に「フッ！」と強い息が漏れる。ピッチャーであれば、投げる瞬間に雄たけびを上げる選手もいる。これこそ、息を吐き出している証拠といえるだろう。こうした呼吸法も、ウエイトトレーニングを通じて覚えておきたい。

そして、ウエイトトレーニングを行うときに、絶対に忘れてはいけないのが「革手（バッティンググローブで可）」と「シューズ（ヒモをしっかりと締める）」の2点である

ケガ防止の意味で、必ず革手をはめて、シューズもしっかりと履いた状態で行う

（写真❶）。いずれかを忘れた選手はウエイト禁止。革手をはめて、シューズをしっかりと履いた状態で行うように指導している。革手は器具に指を挟んでのケガや、汗などで器具が滑るのを防止する意味合いがある。ウエイトトレーニングによるケガは、絶対に避けなくてはいけない。

❶ スクワット

繰り返しになるが、ウエイトトレーニングで一番重視しているのはスクワットである。ハムストリングス、大臀筋、背筋など、アクセル筋となる体の裏側を中心に鍛えることができ、爆発的なエネルギーを生み出すことにつながっていく。

基本的な動きは、第2章で紹介したオーバーヘッドスクワットと同じだが、バーベルを持つことでの新たな注意点も出てくる。以下、6点がスクワットの基本動作となるので、しっかりと押さえておきたい。

① 両足のスタンスは肩幅程度

② バーベルは首よりも下の僧帽筋にセット

③バーベルを持つ腕は両肘を90度にして、「W」を作る
④尻を後ろに突き出すようにしゃがみ、骨盤前傾を作る
⑤太ももと床、脛と上半身が平行になるまでしゃがみ込む（フルスクワット）
⑥足の裏、股関節、体幹を使ってバーベルを挙げる

両足を肩幅より広げると、骨盤ではなく股関節の動きがメインになってしまう。スタンスを狭くすることによって、骨盤を前傾させなければしゃがみ込めない状況を、あえて作り出す。バーベルは首の上に置くと、骨に当たって痛いため、僧帽筋（肩こりの筋肉）の上に乗せる。僧帽筋に乗せることで両肘が90度に曲がり、後ろから見たときに「W」の字が作られる。

動作は膝から座るのではなく、尻から下げていき、骨盤前傾を作る。太ももと床、脛と上半身が平行になるまでしゃがみ込む。2つの平行関係が崩れると、太ももの前側に大きな負荷がかかり、身体の裏側を鍛えることができなくなってしまう。重量が増えていくと、膝を痛めることにもつながるので、正しいフォームを覚えたい。

身体を起こすときには、脛と上半身の平行関係を崩さないように意識。そのためには股関節や尻を使って、中心部から動かすようにしたい（**次ページ写真❷❸**）。

細かいことを付け加えると、足の裏の使い方にもポイントがある。しゃがむときも挙げ

るときも、足の裏全体で重さを感じるのが基本となるが、イメージとしては薬指側に重心を感じておく。親指側に感じると、膝が内側に入り込み、膝を痛める原因にもなってしまうからだ。バッターが軸足に体重を乗せるときや、ピッチャーが一本足で立つときも、薬指側に乗せる感覚を持てれば、バランスよく立てるはずだ。

❷

尻から下げていき骨盤前傾を作る。太ももと床、脛と上半身が平行になるまでしゃがみ込む。身体を起こすときには、股関節や尻を使って中心部から動かす

❸

2 ベンチプレス

上半身のトレーニングでもっともメジャーなのが、ベンチプレスだ。その名のとおり、ベンチに仰向けに寝て、上半身の力でバーベルを一気に持ち上げる。胸筋や上腕三頭筋が発達してくるので、自分の目で身体の変化を感じやすいプログラムである。スクワットよりもシンプルな動作のために、簡単そうに見えるかもしれないが、基本の動きをしっかりと守ったうえで取り組んでほしい。

① 足の裏、背中、尻、肩、頭の5点を地面およびベンチプレス台に着ける
② シャフトと目線を合わせて、シャフトの切れ込みに人差し指か中指を合わせる
③ バーベルを胸の前に下ろし、大胸筋や背筋を使って、バーベルを挙げる
④ 手首は曲げたり反ったりせずに、「グーパンチ」の意識を持つ
⑤ 負荷がきつくなっても、5点を着けることを忘れない

もっとも大事なことは、足の裏、背中、尻、肩、頭の5点を着けたまま、ベンチプレスを行うことにある（次ページ写真❹❺）。

どこか1点でも浮いてしまうと、フォームが崩れ、トレーニング効果が薄れてしまう（166ページ写真❻❼）。バランスが崩れることによって、身体のどこかを痛めてしまう恐れもある。もし、2セット目できつくなるような重さであれば、設定重量が間違っているわけで、その際は5キロ落とすなどして重量を調整したい。重たいものを挙げようとしてフォームが崩れ、ケガをしてしまったら元も子もない。

ベンチプレスの動作だけを見ていると、腕で挙げているように思うかもしれないが、腕だけで80キロを挙げ続けるのは至難の業だ。大胸筋や背筋、腹筋など体幹部を使って、バーベルを挙げる。その際、手首の角度にも注意が必要で、天井にグーパンチをするイメージで、前腕と手の位置関係を真っすぐにしておく（166ページ写真❽）。

足の裏、背中、尻、肩、頭の５点を着けたまま行うことが大切

❹

❺

どこか１点でも浮いてしまうと、フォームが崩れて効果が薄れてしまう

天井にグーパンチをするイメージで、前腕と手の位置関係を
真っすぐにしておく

3 デッドリフト

BIG3の中で、正しいフォームを習得するのがもっとも難しいのがこのデッドリフトだ。本来は地面に置いたところから、バーベルを持ち上げるのだが、高校生にここから指導していくのは難易度が高い。私の場合は、あらかじめバーベルを持った状態から始めて、膝小僧の上にセットしたバーベルを太ももの付け根まで持ち上げる動作に限定している。

トレーニング効果としては、ふくらはぎ、ハムストリングス、大臀筋、背筋など、身体の裏側にアプローチをかける意味合いが大きい。裏側を強くすることで、投打走のすべてにおいての出力を高めることができる。そして、高重量を持つ前腕や握力の強化にも効果的である。

姿勢の作り方は、5点が揃った立位をスタート姿勢にして、3番の大転子を支点に骨盤から上体を前に倒していく。このとき、選手には「前にいる人に〝こんにちは〟とあいさつをするイメージで」と伝えている。重心はかかとではなく、つまさき側にかけてしまって構わない。この重心の位置が、デッドリフトの効果を上げる大きなポイントになる。

重心を前にすると、ふくらはぎや太ももに張りを感じるが、そこまで来たら、膝を少しだけ緩ませて楽な位置を探す。はじめは器具を持たずに、騎馬戦のように人を腰の上に乗せて、〝こんにちは〟の姿勢を作ってもいいだろう。

この基本となる姿勢を頭に入れたうえで、注意点を紹介したい。

①バーベルは順手と逆手で持つ
②立位の姿勢から3番を曲げて、骨盤を前傾させる
③〝こんにちは〟の姿勢を作り、頭を身体からできるだけ遠くに離す
④背中は丸めずに真っすぐにする
⑤バーベルは膝小僧の上に下ろし、太ももの付け根まで持ち上げる
⑥腕の力ではなく、ハムストリングスや大臀筋、背筋の力で持ち上げる
⑦尻の穴を締めると、身体の裏側に力が入りやすくなる

順手と逆手で持つのは、このほうがしっかりとバーベルを握ることができるからだ。右手と左手のどちらを順手にしても、自分のやりやすい持ち方で構わない（写真❾）。

“こんにちは” の姿勢を作り、頭を身体からできるだけ遠くに離す。バーベルは腕の力ではなく、ハムストリングスや大臀筋、背筋の力で太ももの付け根まで持ち上げる

9

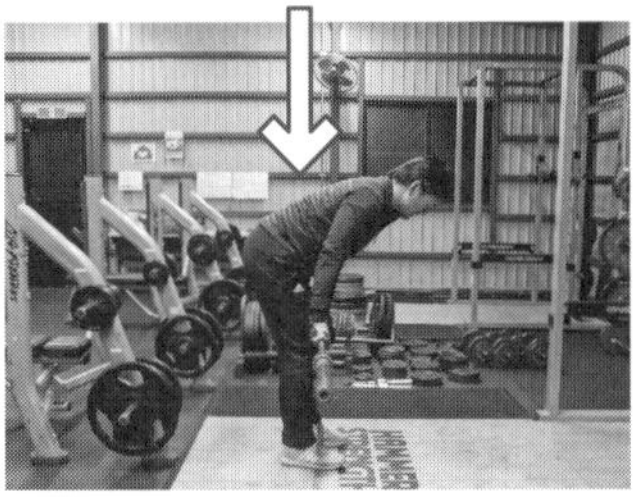

気を付けてほしいのは、背筋力の数値を測るときのように、背中を後ろに反らす動作を入れてしまうことだ（**写真❿**）。

背中を反らすと、腰痛を引き起こす可能性が生まれてしまう。主になるのは骨盤の前傾と後傾であり、骨盤を支点にして動くことを大事にしてほしい。バーベルを持ち上げるときは、尻の穴を締める意識を持つと、身体の裏側に力が入りやすくなり、出力が高まるはずだ。

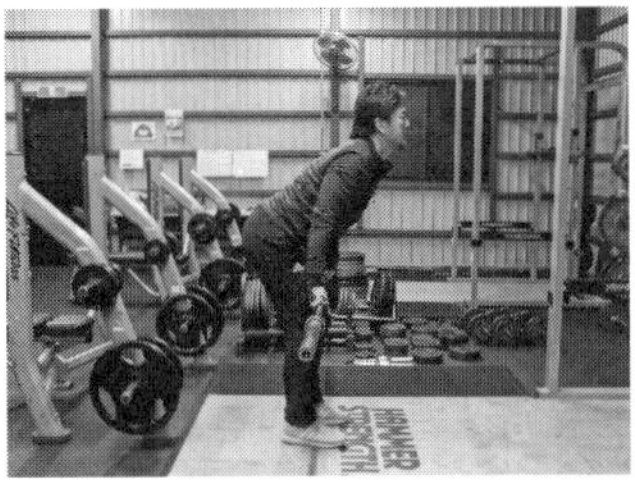

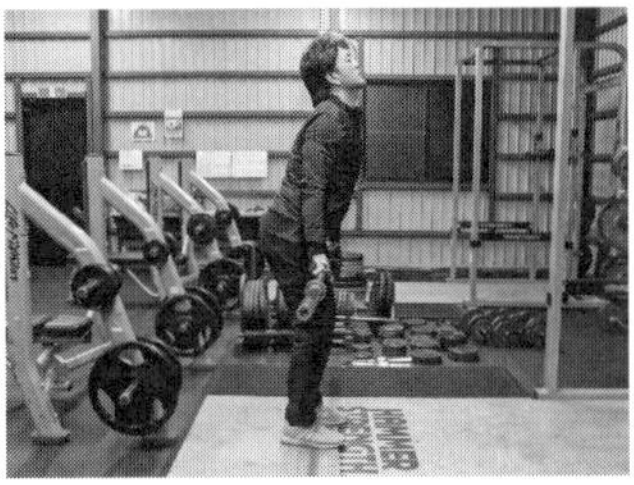

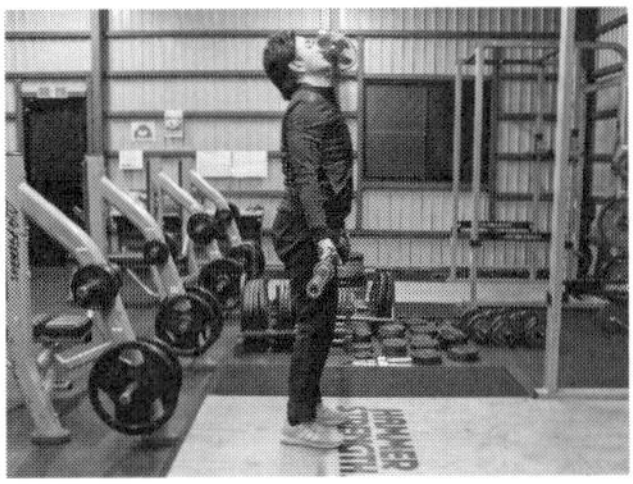

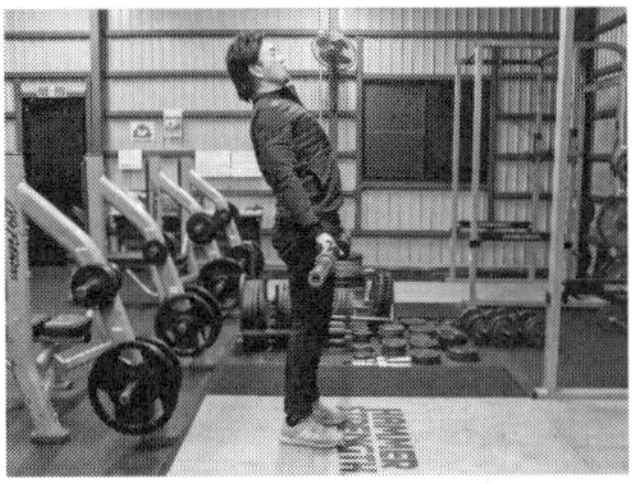

背筋力の数値を測るときのように、
背中を後ろに反らす動作を入れて
しまうのはNG

❿

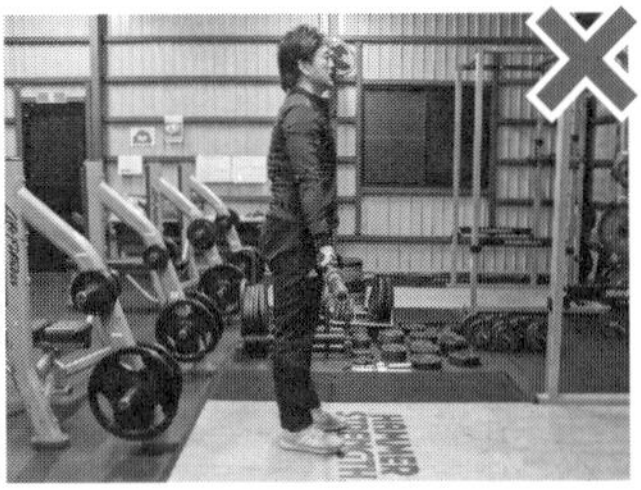

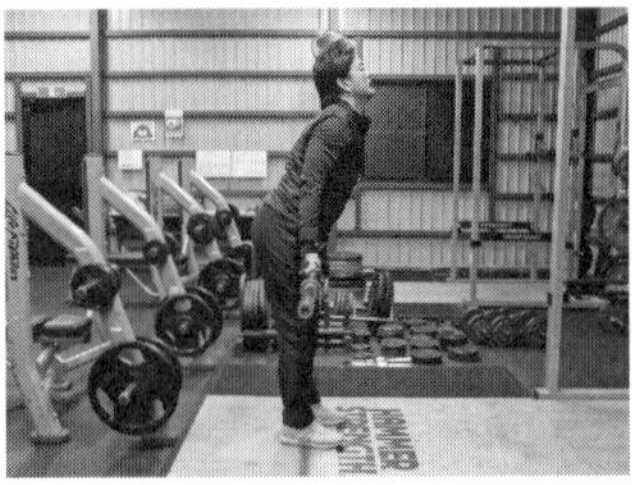

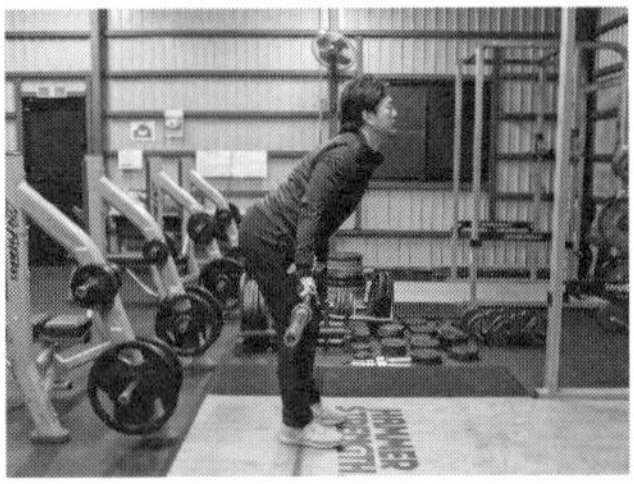

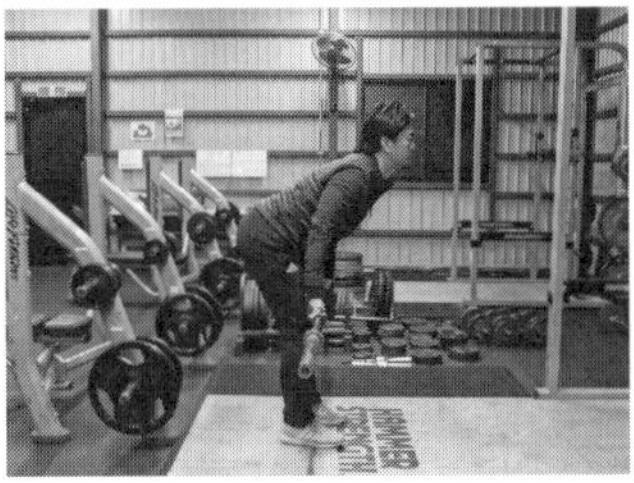

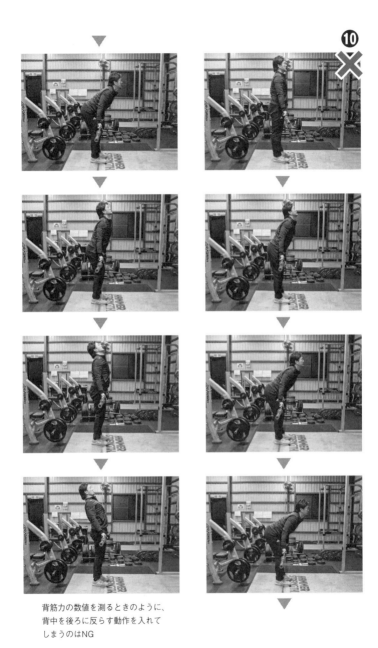

第5章

スピードを極める

足を速くする4つのポイント

第5章では、「トレーニング三本柱」の最後となるスピード強化に入っていきたい。身体を鍛えていく中での最後のピースだ。全身の連動性が高まり、筋力がアップしたといっても、動きそのもののスピードが遅ければ、野球のプレーに生かされていかない。「足の速さ」を考えたとき、多くの人は素質や遺伝とのつながりを想像するだろうが、走りの原理原則を知り、そこに適切なトレーニングを組み入れていけば、足は必ず速くなる。特に高校生はまだまだ発展途上の身体であり、可能性に満ち溢れている。

だからといって、50メートル×50本のように、ただやみくもに走らせるようなメニューは組まない。そもそも、私は一般的な「走り込み」という考えに抵抗があり、それ以前に正しいフォームが身に付いていなければ、走り込む意味がないと思っているからだ。フォームを崩すことによって身体のバランスが乱れ、ケガを引き起こす恐れもある。まずは、走り方ありき。ここを疎かにしていては、次のステップにつながっていかない。

理想は、8割の力感で10割の出力を生み出せることだ。そのためには、走りのコツを自ら体得していかなければいけない。歯を食いしばって、全力で腕を振ったところで、スピードが上がるかとなると、必ずしもそうとは言い切れない。

指導するうえで大事にしているのが、「腕の使い方」「膝の使い方」「足の下ろし方」「姿勢」の4点である。それぞれのポイントや練習法を解説しながら、前半は速く走るための基本的な考え方、後半では野球の実戦に直結する走塁ドリルを紹介していきたい。

走りの基本

1 腕を振れば、足も付いてくる

まず、選手に伝えるのは「腕をしっかりと振りましょう」ということだ。「何を当たり前のことを……」と思われる人もいるかもしれないが、当たり前のことができていない選手が目立つ。私の考えでは、「腕を振れば、足も自然に動くようになる」。腕振りが弱くなると、足の回転もどうしても遅くなりがちだ。

こういう話をすると、腕をがむしゃらに振り出す選手がいるのだが、それでは余計な力みが生まれるだけで逆効果。僧帽筋に力が入り、肩がグッと上がってしまい、これでは推進力を生み出す腕の振りとはいえない（**写真❶**）。

私が大事にしているのは、次の5点だ。

①　肘を軽く曲げて、身体の下で振る

②　肩甲骨を動かして、後ろ側に大きく振る

③　顎の前でクロスするように、ハの字に振る

④　体幹部は捻らない

⑤　速く大きく振る

身体の上側で振ろうとすると力みが出やすいので、ベルトのあたりで振るイメージを持ったほうがリラックスして振れる。肩甲骨から動かして、後ろに大きく振ると、逆側の手が自然に前に出てきやすい。第2章で紹介した4Kのひとつである肩甲骨の柔軟性が、走るときの腕振りにもつながっていく。柔軟性を養うことが、すべての動作の土台となることを今一度、頭に入れておいてほしい。また、肩甲骨が前方30～45度の角度で付いていることを考えると、顎の前でクロスするように、「ハの字」に振るのが自然な腕の振り方となる（**写真❷**）。

❶ ×

僧帽筋に力が入って肩がグッと上がってしまうと、推進力は生み出せない

❷

顎の前でクロスするように、「ハの字」に振るのが自然な腕の振り方となる

そして、「体幹部は捻らない」。前述したとおり、体幹部が安定しているからこそ、四肢を強く自由に動かすことができる。どうしても捻りが出てしまう選手は、まだまだ体幹の力が弱く、柔軟性が乏しい証といえる。

これら4つを踏まえたうえで、キーワードにしたいのが「速く大きく振る」。腕と足が連動していることを考えれば、腕を速く大きく使うことが、足の回転数を上げることにもつながっていく。

練習ドリル 1 長座腕振り

ドリルとしておすすめなのが、長座の姿勢からの腕振りである。長座をすることによって、腕振りに特化でき、自分の動きを確認しやすくなる（**写真❸**）。

意識してほしいのが、長座のときに骨盤を前傾させて、背中を真っすぐにすることだ。骨盤の動きが悪く、股関節周辺の筋肉が硬い選手は、骨盤が後傾して、背中が丸まりやすい。この状態でどれだけ頑張って腕を振ろうとしても、大きく速く振ることはできない。骨盤が後傾する選手は、膝を少し曲げて、骨盤前傾を作ってから行ってほしい。

長座のときに骨盤を前傾させて、背中を真っすぐにするよう意識する

3

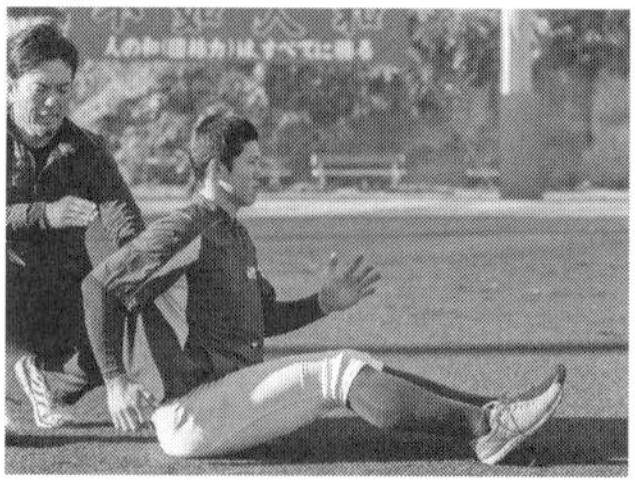

2 膝を前に出す ⬇ 3 足を踏み込む

昔からあるドリルに「もも上げ」があるが、ももを高く上げても、前方にエネルギーを伝えることはできない。高く上げるのではなく、膝を進みたい方向に出すことによって、推進力を生み出すことができる。膝を高く上げる意識は、あまり持ちすぎないほうがいいだろう。

膝を前に出したあとは、片足で地面に接地する局面が生まれる。このとき、「地面を蹴る」と教わってきた選手がいるかもしれないが、正しい感覚は「地面を踏み込む」だ。踏み込むことで、地面から強い反力を得ることができる。踏み込む際には、「地面に置いてある空き缶を踏みつぶすイメージで」と伝えることが多い。踏みつぶそうと思えば、蹴る意識は自然になくなっていくはずだ。

蹴ろうとするとどうしても足が流れて、全身のエネルギーを地面に伝えにくくなる。土(砂)が後方に飛ばされる選手は、蹴りの意識が強い証拠ともいえる。

では、踏み込むときに、足の裏のどこを使うのか。かかとか、つまさきか、あるいは足の裏全体なのか。

近年、マラソン界で「フォアフット着地」という技術が広く知れ渡るようになったが、足の裏をかかと側とつまさき側に分けて考えたとき、旧来はかかと側から着地するのが当たり前とされていた。それが、ケニア人を中心としたアフリカ系のランナーがフォアフット着地（かかとを浮かせて着地する）を取り入れ、マラソンのタイムが飛躍的に伸びる要因となった。昨年から世界中を席捲しているＮＩＫＥ社の通称「厚底シューズ」は、履くだけでフォアフット着地の姿勢が取りやすいと高い評判を得ている。

陸上の短距離はどうか。これは、スパイクの刃を見ると一目瞭然で、短距離用は足裏の前側にしかスパイクの刃が付いていない。つまり、短距離走＝つまさき側（フォアフット）しか使わない、ということだ。それを前提としたうえで、陸上シューズが作られている。

このことから言えるのは、速く走りたければ、フォアフット着地が鉄則。かかと着地は、歩くときだけと考えて構わない。そこからスピードを上げていくにつれて、フォアフット着地に変わっていく（**次ページ写真❹**）。もっと細かく突き詰めていくと、短い接地時間で爆発的なパワーを生み出せるのが理想となる。

ただし、勘違いしてほしくないのは、つまさきからの着地を強く意識すると、逆にブレーキ動作につながってしまうことだ。足を踏み込む力も弱くなってしまう。歩きの動作と同様に、かかとから入っていき、接地する直前にフォアフット着地に切り替えるイメージを持つといいだろう。

練習ドリル 2 踏み下ろし

写真の動きだけを見ると「もも上げ」に見えるかもしれないが、意識は「踏み下ろし」だ。その場で10秒間、できるだけ早く足を踏む（**写真❺**）。足を踏み下ろす勢いによって、ももが上がってくる。このつながりを覚えるためのドリルとなる。背筋を伸ばす、腕を振る、膝を前に出す、体幹を捻らないことも、頭に入れておきたいポイントとなる。

骨盤が後傾する選手は、はじめの位置よりも後ろに下がっていきやすいので、骨盤をやや前傾する意識を持つといい。「トン、トン、トン、トン！」と乾いた音がリズムよく出るようになれば、合格だ。

❹

かかと着地は歩くときだけで、速く走りたければフォアフット着地が鉄則

❺

「もも上げ」ではなく「踏み下ろし」の意識で、10秒間できるだけ早く足を踏む

練習ドリル 3 縄跳び

小さい頃から遊びで跳んでいた縄跳び。高校生になると、跳ぶ機会も減るだろうが、走りのトレーニングとしておすすめである。

前跳びや二重跳びをリズムよく跳ぶには、短い接地時間で高い出力を出し続ける必要がある。そのためには、かかとを浮かせた状態で着地し、タイミングよく地面を踏み、反力を得る技術が求められる。「トン、トン、トン」と短い時間での接地を覚えることが、実際の走りにもつながっていくので、接地時の〝音〟にも意識を向けてほしい。

体育の授業で使うような通常の縄跳びではなく、「ヘビーロープ」と呼ばれる重さのあるものを使うと、手首や腕を鍛えることもできる。また、縄跳びは短期間・小スペースで筋温を上げていけるので、冬のアップメニューにも使うことができる（**写真❻**）。

❻

かかとを浮かせた状態で着地し、タイミングよく地面を踏んで反力を得る感覚を覚える

練習ドリル 4 両足ジャンプ（腕なし）

「ジャンプ力＝足の速さ」と、イコールで結ばれることが多い。足が速い選手は、足が着地する瞬間に筋肉を収縮させて、爆発的なエネルギーを生み出すことができる。言い方を換えれば、「出力を発揮する身体の使い方がうまい」といえるのだ。

この身体の使い方を覚えていくには、ジャンプが最適である。おすすめドリルが、両手を頭の後ろに組み、手の反動を使えない状態からの両足ジャンプだ（**写真❼**）。下半身の力や体幹の強さで跳ばざるをえない状況を、あえて作り出す。上半身は、エビ反りのように反ってしまって構わない。

足にかかる負荷が強いので、塁間を数本行えば十分。どれだけ少ない歩数で、塁間を跳べるかどうか。チーム全員を塁間歩数の少ない順に並べていくと、足の速さと比例してくるはずだ。

ポイントは、ジャンプによって生み出したエネルギーを地面に加えて、反力を得ること。そのためには、強く踏み下ろしたい。つまさきから真っすぐ入ろうとすると、強く踏み下ろせない感覚もわかってくるはずだ。このときに、足首が緩むとエネルギーが逃げてしまうので、「足首を固める」意識を持つといいだろう。

❼

両手を頭の後ろに組み、手の反動を使えない
状態から下半身の力や体幹の強さだけで跳ぶ

練習ドリル 5 両足ジャンプ（腕あり）

今度は、腕の勢いを使っての両足ジャンプ。目の前に50センチのボックスが置いてあり、それを跳び越えるイメージでジャンプを繰り返す。つまり、斜め上方に高く大きく跳ぶのだ（**写真❽**）。

体幹の力が弱いと、空中でバランスを崩しやすく、連続して高いジャンプを跳べなくなる。そして、空中で余計な力みが入ると、接地時に力を入れにくくなることも体感できるはずだ。空中でリラックスしているからこそ、接地のときに力を加えることができるのだ。ジャンプを繰り返すことで、オン（力を入れる）とオフ（力を抜く）の重要性を感じ取ってほしい。

腕を使うことによって、ジャンプの高さが出る分だけ、接地時に足にかかるエネルギーが強くなる。下半身でそのエネルギーを受け止め、次のジャンプに変換していく。ここでも、足首が緩んでいると、次の一歩につながっていかない。

8

目の前にある50センチのボックスを、跳び越えるイメージでジャンプを繰り返す

4 立位の姿勢を作る

ここまで腕の振り方や接地の仕方について解説してきたが、これらすべてのことを実践するには、走りの中での正しい立位の姿勢が必要になる。

「また立位の話？」と思う人もいるだろうが、やはり、ここが基本になるのだ。正しく立てなければ、正しく歩くことも、走ることもできない。正しく立つためには、日ごろの姿勢が大事で、骨盤や股関節の柔軟性が求められ、体幹の強さも必要になる。すべてはつながっているのだ。

では、「走りの中での立位」とはどういうことだろうか。

まず、実験をしてみたい。立位の姿勢を取ったあと、両足のかかとを浮かせてみてほしい。前のめりになって倒れそうになると思うが、そのまま地面にバタンと倒れてしまう人はまずいないだろう。誰もが、「倒れたくない！」と思い、右足か左足のどちらかが一歩出るはずだ。これは人間が持っている、優れた能力だといっていい。

じつは、走りの動作は、この一歩一歩のつながりによって生まれている。人間の部位の中で、一番重たいとされる頭（5キロ前後）を走りたい方向に倒すことによって、勝手に足が出ていくのだ。この力を利用しながら走れている選手は、スピードに乗るのが間違いなくうまい。

ここで注意点がひとつ。身体を前方に倒すときに、骨盤から上の上半身だけを曲げて、「く」の字の姿勢を作ってしまう選手がいる。これでは、前かがみの姿勢になりすぎで、腕をしっかりと振れないうえに、足を踏み下ろしても地面反力が弱くなってしまう。そもそも、前方方向への推進力が生まれてこない。

意識してほしいのは、地面に接している後ろ足から頭まで斜め一直線のラインを作ることだ。1本の棒をそのまま倒すように、斜めに倒していく。指導者から「前傾姿勢を取るように」と、言われたことがある選手もいるだろう。このように立位を斜めに倒した姿勢が、正しい前傾となる**（次ページ写真❾）**。

9

地面に接している後ろ足から頭まで斜め一直線のラインを作り、そのまま斜めに倒していく

練習ドリル 6 片足バウンディング

片足ジャンプの連続。正しい前傾姿勢を取ることで、一歩で大きな跳躍を生み出すことができる（**次ページ写真⑩**）。次のページの**写真⑪**が手本となる姿勢で、後ろ足から頭まで一直線のラインが作られている。これは、股関節の伸展を使えている状態でもあり、関節を最大限に伸ばすことによって、筋肉も伸ばされ、収縮するための準備ができる。ここでの伸びが中途半端だと、地面を踏み込む力も弱くなってしまう。

さらに、空中でのボディバランスも重要となる。人間は足を上げると骨盤が後傾しやすくなるが、そこを体幹の力で抑えて、前傾姿勢をキープする。非常に高強度のトレーニングなので、本数には注意したい。多くても、塁間2往復程度で十分だろう。

なお、「片足バウンディング15歩」のルールの中で、何メートル跳べるかを定期的に記録している。この距離が伸びる選手は、それに比例して、脚力も上がっていることが多い。目標は40メートル以上。健大高崎を見ていても、足が自慢の選手たちは40メートルを超えている。現役の選手たちは、ぜひ一度挑戦してみてほしい。

⑩

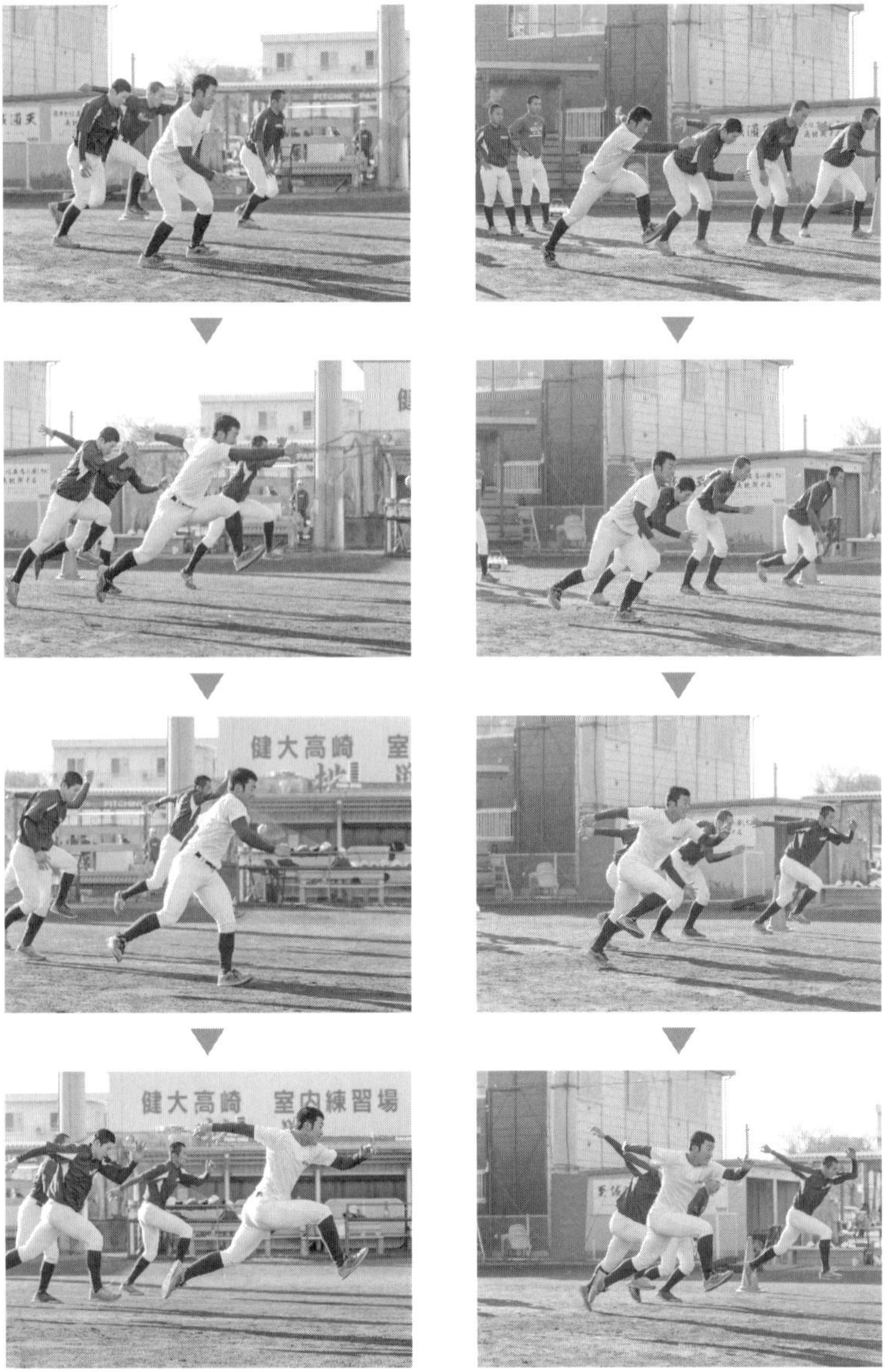

片足ジャンプの連続。正しい前傾姿勢を取ることで、大きな跳躍を生み出すことができる

股関節の伸展をきちんと使えていれば、後ろ足から
頭まで一直線のラインができる

練習ドリル 7 バック走

股関節の伸展運動を引き出すドリルにバック走がある。一般的なバック走は、身体の軸を真っすぐにして、膝の動きを中心に走るものだが、私が提唱するやり方はまったく違う。重たい頭を後方に倒し、股関節の伸展を目一杯使って、足を後方（進行方向）に大きく振り出していく（写真⓬）。股関節の伸展を上手に使えなければ、なかなか進んでいかないはずだ。このとき、頭の位置を正しく取れれば、足裏から後頭部にかけて、「Cアーチ」ができあがる（写真⓭）。

⑫

重たい頭を後方に倒し、股関節の伸展を目一杯使って、足を後方に大きく振り出していく

頭の位置を正しく取れれば、足裏から後頭部にかけて、「Cアーチ」ができあがる

練習ドリル 8 軸倒しスタート

斜め一直線に立位の姿勢を作るドリルとして、片足を後ろに引いた状態からのスタート練習がある。立位から片足を一歩後ろに引けば、不安定な姿勢となり、前傾姿勢を作りやすくなる。頭を前に突っ込むぐらいのイメージで、軸を倒していく（**写真⓮**）。

陸上の100メートル走ほどの距離であれば、前傾姿勢のまま走り切ることはできず、どこかで上体が起き上がってくる。走っている姿だけを見ていると、ずっと加速し続けているように感じるが、どんなトップアスリートでも70メートルあたりからスピードが落ちているものだ。

これが、野球の塁間（27・431メートル）であれば、前傾姿勢のまま、失速せずに走り切れる距離となる。上体が起きるとそれだけ空気抵抗を受けることになり、減速する可能性が生まれてしまう。

14

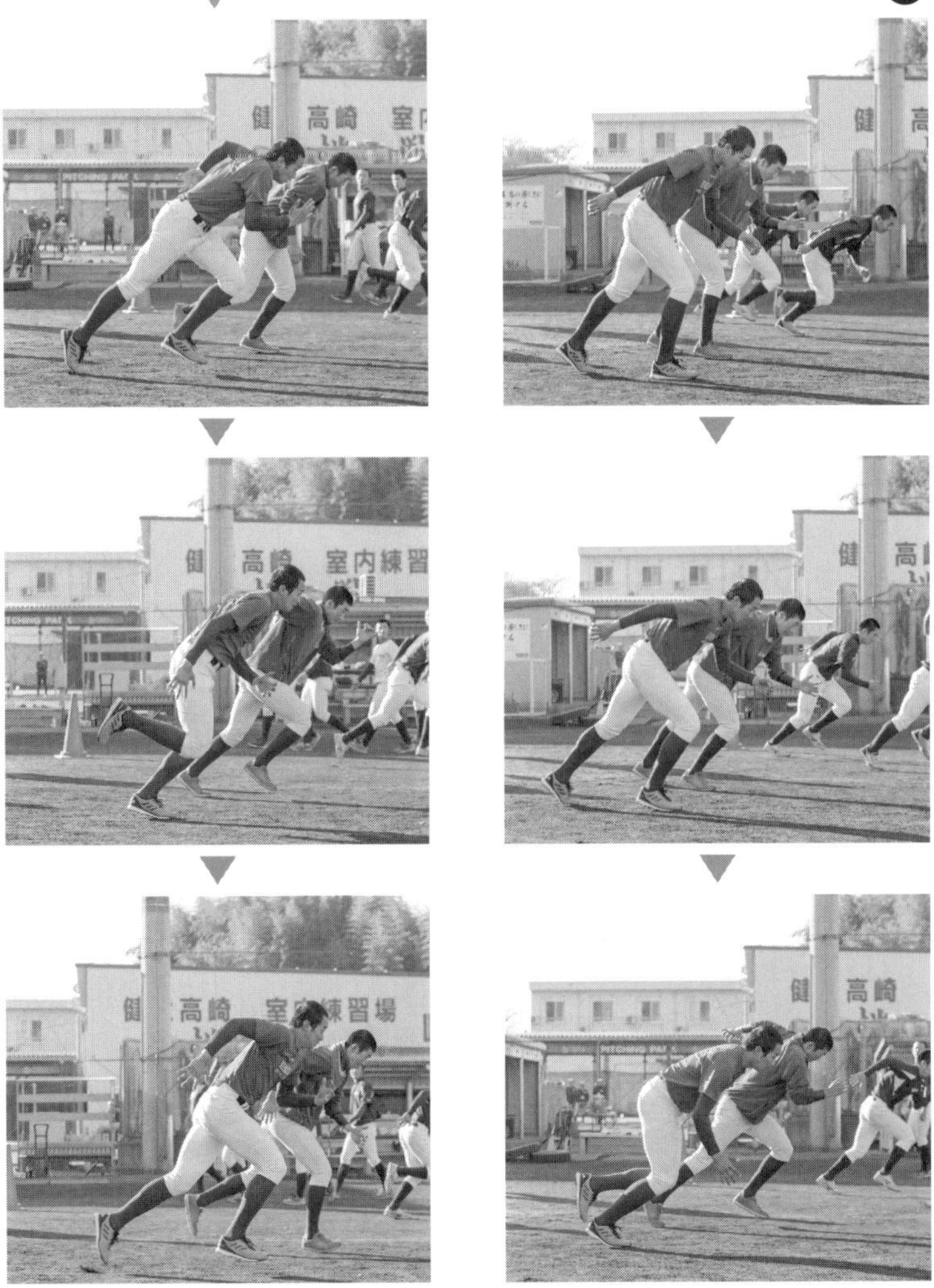

立位から片足を一歩後ろに引き、頭を前に突っ込むぐらいのイメージで、軸を倒していく

練習ドリル 9 軸倒しスタート（サポートあり）

今度は二人一組でのスタート練習。走者は立位の姿勢から両足のかかとを上げて、身体の軸を倒し、パートナーに身体を預ける。ここから、パートナーが支えを外すことで、軸の傾きを生かしたまま、走り出すことができる（**写真⑮**）。

軸を倒す感覚を得にくい選手には、おすすめのドリルとなる。自分の力で走り出すのではなく、「倒れそうになるから、足が自然と前に一歩出る」という感覚を、身体に刷り込ませていく。

⑮

パートナーに身体を預けた支えが外れることで、
軸の傾きを生かしたまま走り出す

練習ドリル 10 すり足スタート

正しい前傾姿勢を身に付けるとともに、スタート時の足の運び方を学ぶドリル。

ポイントは、「膝の低空飛行」「すぐに着地」の2点である。どういうことかというと、スタート時はスピードを上げることよりも、足の回転数を上げることに力を注いでほしいのだ。そのためにも、膝を低空飛行させて、地面に素早く下ろす。100メートル走のクラウチングスタートを見ても、一歩目は地面にするようにして動き出す選手が多い。足裏を早く着けることで、足の回転数を上げようとしている。

ドリルの中では、地面に低いバーを置いて、練習することもある。おおよそ3足幅の間隔で、5本のバーを置く。この間は歩幅が狭くなってもいいので、足裏を早く接地することに意識を向ける（**写真⑯**）。

16

スタート直後、足裏を早く着けることで、
足の回転数を上げていくトレーニング

実戦につながる走塁

野球には「止まる」「切り返す」動作が必要

基本動作を押さえたうえで、ここからは野球につながる実戦的な走りについて解説していきたい。

「走りのスペシャリスト」といえば、陸上選手が思い浮かぶが、陸上の考え方が野球にすべて生かせるかとなると、そうはならない。なぜなら、野球には「止まる」「切り返す」という動作が必要になるからだ。ずっと、進行方向に走り続けるだけならば、前に進むことだけを練習すればいいが、野球のプレー上、非現実的なことである。

「止まる」「切り返す」は、走塁だけでなく守備にも関わってくる。たとえば、ショートが三遊間の打球を捕ったとき、自らの足で身体が流れるのを止めて切り返すことができないと、一塁に強いスローイングを放れない。ピッチャーにしても、バント処理のときに勢いよくマウンドを駆け下り、パパパッと小さなステップで打球に合わせられなければ、二塁に投げることはできない。

「止まる」「切り返す」がうまい選手に共通するのは、地面を強く踏めていることだ。地面からの反力を得るのがうまい。もっと言えば、強く踏めるだけの体幹や脚の強さがあり、踏みやすい姿勢も取れている。これは投げるとき、打つときのステップ足の使い方につながってくることでもある。

選手にはよく「自分の身体の中に、ブレーキ機能を作っておこう」と伝えている。わかりやすくたとえると、自転車に乗って、下り坂でもスピードを出せるのは、ブレーキ機能がしっかりと付いているから。もし、ブレーキ機能がなければ、スピードは出せない。確実に止まれることが頭でわかっているから、スピードを出せるのだ。

人間も一緒。ブレーキ機能を備えていてこそ、スピードを出せる。自分で止まれる自信があれば、打球により速くチャージできるはずだ。そして、スピードに乗った身体を止めるには、器用な足先だけでどうにかしようとしても難しい。膝に負担がかかって、膝の靭帯を痛めるリスクもある。股関節周りの筋肉を使って、スッとしゃがみ込む動作が必要になってくる。

練習ドリル 1　ダッシュ&ストップ

止まる動作を身に付ける、シンプルな練習ドリルである。

5メートル間隔のラインを2本書き、1本目のラインを通過したら減速、1〜2本目のライン内で止まるというルールのもとで、15メートルほどのダッシュを行う（**動画参照**）。止まることで頭がいっぱいになると、ラインを越える前から減速する選手も出てくるが、それでは練習の意味がなくなるのでNG。1本目のラインでは、MAXのスピードで走り抜ける。

では、どのようにして止まるのか。ひとつのテクニックとしては、足の基底面（＝両足を囲んだ面）を広げることである。立位の姿勢は、足が真横に揃っているうえに、スタンスも狭いため基底面は狭い。勢いに乗った状態から立位の姿勢を取っても、前につんのめってしまうのは、誰でもわかることだろう。

止まるためには、これと逆のことをやればいいのだ。両足のスタンスを広げて、前後にずらす。こうすれば基底面が広がるので、エネルギーを分散させることができる。さらに、重たい頭が前に行くと、身体も前に突っ込むので、進行方向と逆に持っていくことでスピードを止めることができる。簡単に言えば、止まりたいときは「つまさき重心」よりも

「かかと重心」を作ればいいのだ。

もちろん、一歩でピタッと止まれるわけはないので、減速ゾーンに入ったら、足を小刻みに踏み、止まるための準備を始めなければいけない。

この小刻みに足を踏む動きを「ハーキー」と呼び、守備で打球に合わせるときに重宝する技術である。足先だけでちょこちょこ動いてもスピードを操作することはできないので、股関節周辺の筋肉を使ってしゃがみ込む動きを入れながら、地面を踏むのがポイントだ。必然的に、走っているときよりも体勢は低くなる。

5メートルの幅でストップ動作ができるようになったら、次は3メートルのエリアで挑戦。より狭いエリアで止まるにはどうしたらいいか。地面を踏み込む動作をしっかりと入れなければ、止まれないことがわかってくるだろう。

より実戦的な話をすると、土のグラウンドであれば足裏をスーッと滑らせることによって、減速させることができる。しかし、これを人工芝のグラウンドでやると、芝にスパイクが引っかかってしまい、足首を捻る危険性もある。ハーキーは、土でも人工芝でも使える技術だけに、ぜひ身に付けてほしい。

練習ドリル 2 ダッシュ&ストップ&切り返し

今度は、ダッシュとストップのあとに切り返しを入れていく。簡単に言えば、「方向転換」だ。野球のプレーを考えると、ストップして終わりではなく、そのあとに必要な方向に動かなければいけない。この切り返しのスピードが、コンマ数秒のプレーを分けることにもつながっていく。

はじめは、あらかじめ決めたライン上で切り返し動作を入れて、その動きに慣れてきたあとは、笛を合図にして切り返しを入れていく。切り返しのポイントは、ハーキーを使って減速し、減速が得られたあとすぐに、自分の利き足を身体の前方に踏むことにある。右足が利き足であれば、右足を早く踏む。その一歩を支点にして身体を切り返し、方向転換を行う（**動画参照**）。

このとき、次に着く左足をやや開いて踏み込んだほうが、骨盤の通り道ができて、進みたい方向に最短ラインで向かうことができる。これは、盗塁のスタートにも通じる話なので、このあと詳しく紹介したい。

盗塁はスタート姿勢から始まっている

さて、盗塁のスタートについて。直線のスピードが速い選手であっても、スタートが苦手な選手はどのチームにもいるもので、このタイプは盗塁成功率がなかなか上がっていかない。逆に、飛び抜けたスピードを持っていなくても、スタートのうまさで盗塁を決める選手もいる。

基本の話の中で、軸を倒すスタート方法について解説したが、盗塁のスタートとなると、身体の向きが変わってくる。ピッチャーからのけん制があるため、ランナーはリードしたときに、胸を二塁方向にまっすぐ向けることは絶対にできないのだ。多少は半身になったとしても、顔や胸はピッチャーに向けておく必要がある。ここが野球ならではの面白さでもあり、難しさといえる。

それを踏まえたうえで、スタートのポイントは次の6つ。ここを頭に入れて、日々の走塁練習にのぞんでほしい。

①　1・2・3番、3・4・5番を揃えた姿勢で構える

②骨盤の通り道を作るため、右足を開く
③できる限り早く、二塁ベースに胸を向ける
④頚反射を利用する
⑤右膝を抜き、重心軸を崩す
⑥左足で地面を踏み下ろす

まずは、スタートの姿勢。立位の姿勢から、3番の大転子を支点にして骨盤を前傾させる。横から見たときに、1番・2番・3番が地面に対して水平に近い状態となり、3番・4番・5番は斜め一直線に揃う。この姿勢から膝の曲げ具合を微調整して、自分自身で一番楽に立てるところを探す。重心はかかとではなく、つまさきにかけて、左右の動きに反応しやすい姿勢を取る。

身体感覚に刷り込むために、**写真❶**のように腰の上に人を乗せるやり方もおすすめだ。「人を乗せた状態で、1時間でも立っていられる楽なポジションを見つけよう」と伝えると、膝を少し曲げたスタート姿勢が自然に作られていく。

もしかしたら、「重心が高いのでは？」と思う人もいるかもしれないが、私は高校生のリード姿勢を見ると、「重心が低すぎる」と感じることのほうが多い。はじめからあまりにも低い重心を取ると、走り出すときには重心が上がり、力が抜けてしまう。これでは足

の速い選手であっても、なかなか加速していかないはずだ。

　足の幅は、肩幅よりもやや広く取り、右足を半足から1足下げる。なぜ下げるかというと、人間の骨盤の幅はおおよそ50センチあり、その骨盤の通り道を作りたいからだ（**次ページ写真❷**）。両足を揃えて構えると、骨盤の幅がある分、スタートの一歩目で左足がどうしても塁線上よりも外に逃げてしまう（**次ページ写真❸**）。この分だけ、二塁ベースまでの距離が遠くなり、到達時間も遅くなる。

　スタートの最大のポイントは、二塁に早く身体を向けるところにある。身体を向けてしまえば、あとは直線を走るだけでいい。向けるためにも、まずはスタート姿勢が大事になってくる。

膝を少し曲げて、腰の上に人を乗せても楽なポジションが自然なスタート姿勢

❷

おおよそ50センチ幅の骨盤の通り道を作るため、右足を半足から1足下げる

❸

両足を揃えて構えると、スタートの一歩目で左足がどうしても塁線上よりも外に逃げてしまう

右膝を抜き、地面を踏む

スタート時の足の使い方は「右足を後ろに引く」「左足からのクロスオーバー（右足を越えていく）」など、選手によってさまざまなものがある。それをわかったうえで、基本動作として伝えているのは、「右膝の抜き」と「左足の踏み込み」だ。

これまでも説明してきているが、「走り＝不安定な状態」である。スタート姿勢は〝安定〟を求めたものであり、ここから走りの動作に移るには、身体のどこかを意図的に崩して、〝不安定〟にする必要がある。そこで求められるのが「右膝の抜き」であり、つまさきを二塁方向に向けながら、膝を崩すようにして力を抜くのだ。抜く感覚がわからなければ、「かかとを上げる」と考えてもらっても構わない。

この膝の抜きと同時に、左足で地面を踏み込むことで、地面からの反力を得て、強いスタートを切ることができる**（次ページ写真❹）**。この際、どうしても左足で蹴ろうとする選手がいるが、蹴る意識を持っているうちは反力を得ることはできない。足先だけ動かすのではなく、股関節の伸展運動をしっかりと使っていきたい。

足の動きとともに、手の振りも重要なカギとなる。右膝の抜きと同時に、左腕を二塁方向に強く振り、右腕を一塁側に振ることによって、胸の向きを素早く変えることができる。ただ、この腕振りのまま、左足を踏み込むと、左腕と左足が一緒に出ることになるので、おかしなことになってしまう。腕振りで身体を二塁側に向けたあと、左腕は一塁側、右腕は二塁側に振り戻すことによって、腕と足のタイミングが合ってくる。選手には、「スタート時、腕は足よりも1・5倍頑張らせるように！」という表現で伝えている。

最後にもうひとつ付け加えると、目線もポイントになる。右膝の抜きに合わせて、顔を二塁ベース方向に素早く向けると、「頚反射」の効果が生まれて、身体を二塁に向けやすくなるのだ。首の動きで、身体全体を導くイメージを持つといいだろう。

❹

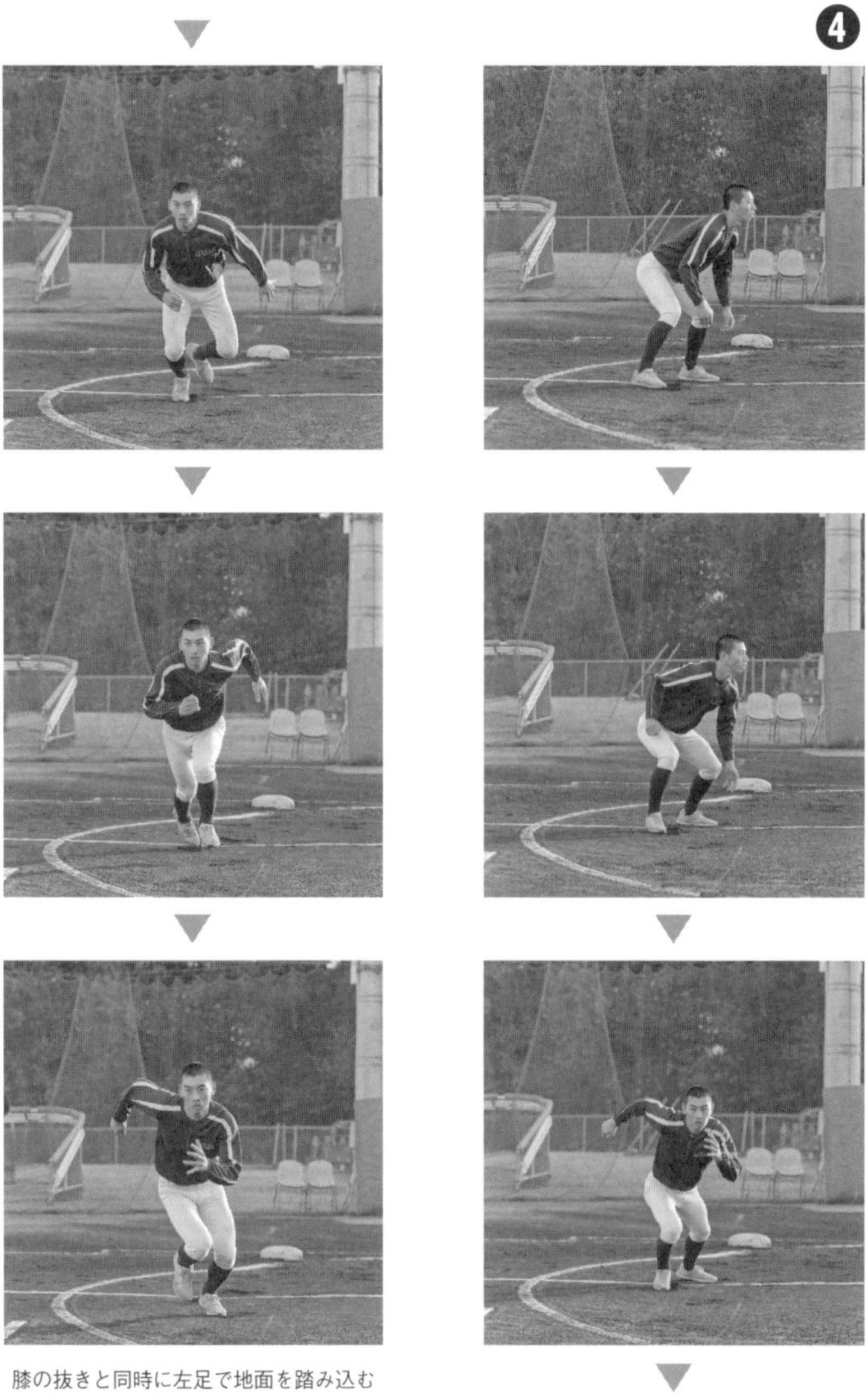

膝の抜きと同時に左足で地面を踏み込むことで、地面からの反力を得て強いスタートを切ることができる

コーナーリング＝直線＋円＋直線

どれだけ足が速くても、コーナーリングで大きく膨らむと、それだけでタイムロスになる。二塁打になるべき打球がセカンドでアウトになったり、ランナー二塁からホームインできる打球がホームでアウトになったり、こういう攻撃が続くと、必然的に勝利は遠のいていく。

コーナーリングのコツは、「直線＋円＋直線」の組み合わせであることを、まずは理解することにある。これは言葉で説明するよりも、写真を見てもらったほうがわかりやすいだろう。**写真❺**は、左打者の二塁打を想定した走路になるが、円で走るのは一塁ベース周

円で走るのは一塁ベース周りのわずかな距離しかない

りのわずかな距離しかない。円の半径は5メートルで、中心点は一・三塁ベースを結んだ直線上に位置する。計算上の走距離は約7メートルだ。身体を傾けて走る局面はこのぐらいしかなく、それ以外は直線を走っていることになる。

なぜ、こんな話をするかというと、コーナーリングを難しく考えている選手が多いからだ。どこで減速して、どこから曲がって……と、頭でっかちになっている。それよりも、「直線＋円＋直線」とシンプルに考えたほうが、極端な減速をせずに走れるのではないだろうか。

練習ドリル 1 ＝ライン取り

これは1年生の春からやる練習であるが、私が引いた走路のライン上を繰り返し走る。何も100パーセントで走る必要はないので、8割の力感で、コーナーリングの感覚を身体に染み込ませていく。直線で加速して、コーナーの手前で減速し、コーナーを使って再加速し、コーナーを抜けたあとは最大加速の状態となる。すなわち、加速→減速→加速のリズムとなる。ベースを踏む足については特に指定せずに、選手たちが踏みやすいほうで走っている。

足が速い選手ほど、コーナーを回るときに遠心力がかかり、身体が外側にぶれやすくな

❻

速く小さく回るには、立位の姿勢のまま身体
全体を斜め左に倒すイメージで軸を傾ける

る。この力を抑えるには体幹の強さが必要になるが、1年生のうちに「身体が振られる」という体感を持てれば、日々のトレーニングにも高い意識で取り組めるようになるはずだ。

速く小さく回るには、身体の軸を傾ける必要がある。これも、頭だけ倒すのではなく、立位の姿勢のまま、斜め左に倒すイメージで傾けてほしい（**写真❻**）。はじめは怖さがあるかもしれないが、傾ければ傾けるほど、小さく回れるようになる。このとき、目線を円の内側（左側）に持っていくと、左側に傾けやすくなる。見過ごされがちだが、コーナーリングの際の目線にも気を配ってほしい。

腕振りにもポイントがあり、左手よりも右手を大きく振ることで、自然に左側に身体が回っていく。同じように振っていたら、まっすぐ進むための腕振りになるので、「右手を大きく」の意識を持つといいだろう。

練習ドリル 2 ＝サークルラン

ベース周りに引いた円だけを、反時計周りにぐるぐると走る（**次ページ写真❼**）。ポイントは、❶で説明したものと同じだが、円を走ることだけに集中できるので、できる限り身体を倒してみてほしい。はじめは、転ぶぐらい思い切り倒してもいい。

なお、先に説明した盗塁のスタートもコーナーリングも、走塁練習の中で行うものだが、あえてランニングシューズで走ることがある。スパイクを履くと、スパイクの刃に頼ってしまい、地面を蹴ろうとするからだ。滑りやすいランニングシューズを使うことで、地面を踏み込む感覚をつかんでほしい。蹴る意識があると、おそらくは滑ってしまうだろう。

⑩

できる限り身体を倒してみる。はじめは、
転ぶぐらい思い切り倒してもいい

第6章

コンディショニングを極める

食事のカギは「ボリューム」と「タイミング」

1年春の入学から3年夏の大会まで、880日を極めるための考え方や具体的なトレーニング法を紹介してきた。家を造り上げるように、土台からひとつずつ積み上げていくことがいかに大事か、わかってもらえただろうか。

最終の第6章では、食事に対する知識や、大会本番に向けての心身の作り方やアップの考え方など、主にコンディショニング面について解説していきたい。せっかく質の高いトレーニングを重ねていても、コンディショニング面を疎かにしていては、強い身体は作られず、試合でも力を発揮することができなくなってしまう。

まず、日々の生活に欠かせないのが食事である。人間としても、アスリートとしても、食事を疎かにする者により良い未来は訪れない。言うまでもなく、人の身体は、自分が食べたもの、飲んだもので作られている。

身体を大きく強くしていくには、トレーニング・栄養・休養の3つのバランスが必要となるが、高校生の場合は練習量に対して、栄養が追い付いていないことが多い。自宅から通う選手の中には、土日の練習の際に朝ごはんを食べずにグラウンドに来る者もいる。それで、「甲子園出場」を目標に掲げていては、言葉と行動がまったくの別物になる。

食事のカギを握るのが、「ボリューム」と「タイミング」である。この二本柱を両立させることで、野球選手にふさわしい身体を作ることができる。

男子高校生の身体を考えたとき、体育の授業程度の運動量だけでも1日に3150キロカロリーを消費すると考えられている。野球部の練習量を想定すれば、4000キロカロリーを超えると考えていいだろう。そうなると単純計算で、1日に4000キロカロリーの食事を摂れば、プラスマイナスゼロ。それ以下であれば、練習をやればやるほど体重が減っていく計算になり、トレーニングと栄養のバランスが合っていないと判断できる。

つまりは、体重を増やしたいのであれば、1日に4000キロカロリー以上の食事を摂る必要がある。サポート校の選手たちには、わかりやすくするために「1日に4500キロカロリーが必要になるよ」と伝えている。

とはいっても、何がどのぐらいのカロリーかピンとこない選手も多いだろう。次のページに、代表的なところを挙げてみた。インターネットで検索したり、栄養に関する本を読んだりすれば、もっと詳しいことがわかるので自分でも調べてほしい。コンビニやスーパーなどで購入する際には、商品ラベルにカロリー表示が書いてあるので、目にする習慣を付けておくといいだろう。外食のときにも、メニュー表に記してある店が多いので確認してほしい。

・吉野家　牛丼（並盛）＝652キロカロリー
・マクドナルド　ビッグマック＝547キロカロリー
・コーンフレーク（100グラム）＝380キロカロリー
・菓子パン（1個）＝300キロカロリー
・おにぎり（1個）＝200キロカロリー
・カロリーメイト（2本）＝200キロカロリー
・だんご（1本）＝140キロカロリー
・いちご大福（1個）＝100キロカロリー
・バナナ（1本）＝80キロカロリー
＊いずれもおおよそのカロリー。調理法などにより変わっていく

こう考えると、3食で4500キロカロリーを摂ることは、かなり難しいことがわかるはずだ。だから、回数を分けて食べる必要が出てくるわけで、練習前後の補食の重要性が生まれる。高校生であっても、アスリートであれば1日に5〜6食が必須となる。

高校3年間で体重15キロアップ

私の高校時代の話を少しすると、入学時178センチ65キロだった身体が、卒業時には181センチ80キロにまで成長した。当時、日本のトレーニング環境は、「気合いと根性」が当たり前。高校の野球部にトレーナーもいなければ（そもそも「トレーナー」と呼ばれる方がいなかった）、管理栄養士もいない。当然、私が進学した都立淵江高校にも専門家はいなかったが、それをわかったうえで都立を選択した。最大の利点は、広いグラウンドがあったことで、「場所さえあれば、一人でもトレーニングができる！」と根拠のない自信があったのだ。

さらに付け加えると、当時の私は体力に自信がなく、強豪校の練習に付いていけるかが不安だった。また「やらされる練習」よりも「主体的にやっていく練習」のほうが、自分を伸ばせると思っていた。これも、何か根拠があったわけではないのだが……。高校入学時、はっきりと見据えた目標は、プロ野球選手になることだった。

ちなみに、入学時の最速は108キロだ。〝左腕〟という以外、取り柄はなかったのだが、プロになること、プロになれることをまったく疑っていなかった。自分を信じる能力には長けていた。

「ピッチャーは走ってなんぼ」という往年のプロ野球選手の言葉を信じて、家から学校までの片道14キロを毎日走った。ウエイトトレーニングの本を読みあさり、グラウンドの脇に放置されていたプレートを集め、ウエイトトレーニングっぽいことにも取り組んだ。

食事は、栄養の知識はまったくなかったので、とにかくボリュームにこだわった。母親に弁当を2つ作ってもらい（母親に感謝！）、朝の自主練を終えたあとにひとつを完食、さらに2時間目を終えたあとにもうひとつを完食。昼は購買部でパンを買って、練習後にはコンビニで食パン、肉屋でハムカツを買い、オリジナルの「ハムカツサンド」を作っていた思い出がある。

今のような知識や情報があれば、もっと賢いやり方があったのだろうが、当時はそこまでのものがなかった。でも、その中でもやれることはやれた自負はある。3年夏、ストレートの最速は135キロにまで達し、東東京大会では第二シード校を撃破。このときの取り組みがあったからこそ、東北福祉大、日本生命と名門チームで野球をプレーすることができた。

決して自慢したいわけではない。そもそも、最速135キロでは自慢にもならないだろう。大事なことは、自分の可能性を信じて、やるべきことをやり続けるということだ。周りに何を言われようが、そんなことは関係ない。

特に食事に関しては、野球ができる身体を目指して、大きくしたいと思えば、自分でやれることはいくらでもある。周りから言われるのではなく、自ら主体的に取り組むことが、高い成果につながっていくはずだ。

補食を有効利用する

学校の状況によって難しいところもあるかもしれないが、サポート校の選手には、練習前の補食についてこのような言い方で伝えている。

「空腹で練習をするのは、身体をただ壊すだけ。せっかくの練習が台無しになることを理解してほしい。必ず、300キロカロリーの固形物を食べてから練習に入るように」

身体にエネルギー(燃料)を入れなければいけないので、炭水化物を摂取する。おすすめは、おにぎりだ。さきほど紹介したカロリー表を目安にすると、1個でおおよそ200キロカロリーあるので、2個食べれば400キロカロリー摂れる計算となる。ほかに菓子パン1個で300キロカロリー、バナナ1本でおよそ80キロカロリーを摂れる。ただし、満腹になると動けなくなってしまうので、そこは自分の中での適量を見つけてほしい。

なぜ、空腹で練習するのがいけないのか?

「力が出にくい」というのは感覚的にわかるだろうが、身体を動かすエネルギーが不足していると、身体はその不足分を補おうとして、筋肉の中にあるタンパク質やカルシウムを分解して、エネルギーを作り出していくのだ。せっかく筋力強化をしても、カロリーが足りない状態で練習にのぞむと、筋肉が削られていくことになる。

何も、運動に限った話ではない。人間は常に新陳代謝が起きていて、そこでエネルギーを使っている。特に、年齢が低い高校生は代謝が良いので、エネルギーの循環が早い。朝ごはんを食べなければ、午前の授業中にどんどんとエネルギーが失われていく。

家庭の事情で、自宅で朝ごはんを食べられない選手もいるかもしれないが、コンビニを有効活用することはできるはずだ。それに、ご飯を炊くぐらいであれば、高校生になれば自分でできるだろう。おにぎりだって、作れるはずだ。本気でうまくなりたいと思うのなら、自分の身体を自分で作ってほしい。

五大栄養素をバランスよく

もう少し専門的な話をしていくと、カロリーが多いものを好き放題食べればいいわけではない。10年ほど前から、高校球児の「タッパ飯」(2〜3リットル容器のタッパに、白米と少量のおかずを詰める）が流行っているが、栄養バランスを考えると、炭水化物の過剰摂取につながりかねない。それに、指導者から無理やり食べさせられているチームもあるようで、そういう話を耳にすると残念に思う。

声を大にして言いたいのは、「食事＝餌ではない」ということである。アスリートとして食べることは絶対に必要であるが、「吐くまで食べさせられる」「目標体重を超えないと練習に出られない」となると、意味合いが違ってくる。野球部であって、体重増加部ではない。食べることは人間の楽しみのひとつであるにも関わらず、そこを奪う取り組みをしてしまったら本末転倒だ。どれだけ体重が増えようとも、それによってスピードを失ったり、動きが鈍くなったりするようでは何の意味もない。結構、こういう選手は多いのではないだろうか。

高校球児はボリュームを取ることに加えて、栄養バランスも考えてほしい。キーワードは「五大栄養素」だ。保健体育の授業ですでに勉強済みだと思うが、五大栄養素を改めて確認しておきたい。

①　炭水化物（ご飯、パスタ、パン、麺類）**➡エネルギー**

②　タンパク質（肉、魚、卵、大豆、乳製品）**➡骨格、組織、筋を作る**

③　脂質（脂身、バター）**➡細胞**（持久力、運動エネルギー、免疫）

④ミネラル（牛乳、チーズ、藻類）⬇機能の微調整
⑤ビタミン（野菜、果物）⬇組織の健康維持サポート

以上5つの栄養素をバランスよく摂ることで、強い身体が作られていく。小中学校の給食などは、五大栄養素を考えたうえで献立が組まれている。たとえば、昼の弁当を食べる中で、「今日は野菜が足りてなかったかな」と思えば、コンビニで野菜ジュースを手に取る。ミネラルが不足していたと感じるのなら、固形のチーズを買う。常に五大栄養素を頭に入れておくことで、食事に対する意識が高まるはずだ。

タンパク質が足りない高校球児

高校生の食事を見ると、炭水化物を積極的に摂ることには意識が向く一方で、身体を作るうえで必要なタンパク質が圧倒的に少ないように感じる。タンパク質は筋肉、骨、皮膚や髪、爪など人体の組織を作るうえで欠かせない栄養素である。特に筋肉は、水分を除いた約8割がタンパク質でできているため、筋量を増やしたければ、タンパク質の摂取が絶対的に必要となる。骨はカルシウムで作られているイメージがあるかもしれないが、骨の

周りにあるコラーゲン＝タンパク質であり、タンパク質が不足すると強い骨が作られていかない。

1日に必要なタンパク質の目安は、体重×2グラム。70キロの選手なら、140グラムが必要となる。ただし、日々の食事からこれだけの量を摂るのは難しい。

- ステーキ（1枚）　27・1グラム
- サラダチキン（100グラム）　23・2グラム
- 豆腐（1丁）　20・4グラム
- ほっけの塩焼き（1切れ）　17・1グラム
- 納豆（1パック）　8・5グラム
- うどん（200グラム）　5・2グラム
- ごはん（150グラム）　3・8グラム
- 牛乳（125グラム）　4・3グラム

＊いずれもおよそのグラム数

1食の中で、上記の食材を組み合わせたとしても、最大で40グラム摂れればいいほうだろう。これを3食摂ったとしても、120グラムにしかならない（すべてが消化吸収されるわけではないので、実質不足になる）。この不足分を補うのが、プロテインである。プロテインはタンパク質を手軽に摂ることができ、身体を作るのに欠かすことができない。筋肉だけでなく、人体の組織を作ることにもつながるため、プロテインを飲むことは疲労回復にも役立っていく。

プロテインを飲むタイミングが重要

ここで大事になってくるのが、プロテインを飲むタイミングだ。

ウエイトトレーニングのような高負荷なメニューを実践するほど、成長ホルモンが分泌されやすくなる。どういう仕組みかというと、練習やトレーニングで筋肉に強い負荷をかけると、筋肉の収縮によって筋疲労が起こり、筋肉が分解されていくのだ。そのときに、人間は分解された筋肉を元に戻そうとする能力を持っていて、これが成長ホルモンの分泌につながっている。

このときにタンパク質を補うと、その吸収力が高まり、分解された筋肉を修復し、元の筋肉よりもさらに強い筋肉が作られるようになっていく。「運動後45分以内が、補食のゴールデンタイム」という言葉を聞いたことがある人もいるはずだ。この際、栄養吸収に必要な炭水化物も一緒に摂ると、さらにタンパク質の吸収率が高まっていく。

プロテインを飲むことが習慣づくまでは、ウエイトトレーニング+プロテイン補給をセットにして、トレーニング後に全員でシェイカーを片手に持って「乾杯！」と声を合わせていたこともある。ウエイトトレーニングで満足するのではなく、プロテインの補給まで1セットと考えてほしい。

また、睡眠中にも成長ホルモンが分泌されるので、睡眠の1時間ほど前にプロテインを飲むのもおすすめとなる。寝る直前に飲むと、胃や腸への負担が強くなり、身体をしっかりと休めることができなくなるので、注意しておきたい。

プロテインは一度に大量に飲んでも、体内で吸収できなくなるので、1回の量は20グラム程度で十分。1日の目安は食事との兼ね合いもあるが、体重×1グラム。体重70キロの選手であれば、20グラム×3〜4回がひとつの目安となる。

プロテインは含有量で選ぶ

こうしてプロテインの話をすると、必ずといっていいほど「たくさんのプロテインがあるんですが、何を基準にして選んだらいいいんですか？」と質問を受ける。たしかに、日本国内だけでなく国外のメーカーからも、数多くのプロテインが発売されていて、何を選んだらいいか迷ってしまうだろう。

はっきり言っておこう。タンパク質は高価なものだ。だからこそ、しっかりとした知識を持っておきたい。選ぶ際に一番の決め手となるのが、タンパク質の含有量（1キロあたり）である。価格に比例することが多いが、値段が高いものは含有量が多く、安いものは含有量が低い。自分の財布と相談しながら選ぶことになるが、高校生が飲むとしたら、1キロあたり80パーセントの含有量が欲しいところだ。値段としては、4000～5000円の価格帯となる。

最近は、コンビニでもプロテインを気軽に手に入れられるようになった。たとえば、株式会社明治が販売している「ミルクプロテインシリーズ」は、160円ほどの値段で、15グラムのタンパク質を摂ることができる。小腹が減ったとき、コンビニに寄ることが多いと思うが、ジュースを買うお金があるのなら、こまめにタンパク質を摂ったほうがはるかにいいだろう。

過剰に砂糖を摂ることのリスク

炭酸飲料水が好きな高校生はどれぐらいいるだろうか？

以前、サポート校の選手に聞いてみたところ、部員の半数以上が手を挙げていた。気持ちはわかる。練習後にシュワシュワした炭酸を飲むと、スカッとした爽快な気分になれる。

ただ……、炭酸飲料水には砂糖が多く含まれていることを知っておきたい。たとえば、500ミリリットルのペットボトルで考えると、角砂糖15～16個分の糖分が含まれている。これはオレンジジュースのような甘味料も同様で、甘いジュースをゴクゴク飲むことは、それ相応の糖分を摂っていることになるのだ。

糖分は身体に必要なものではあるが、過剰に摂取すると、さまざまな悪影響を及ぼすことになる。ジュースが好きな選手がいたら、ぜひともそのことを覚えてほしい。

① 体内のカルシウムを奪う

過剰に砂糖を摂ると、余分な砂糖を体外に出さなければいけなくなる。そのときに、大量のカルシウムが一緒に消費されてしまう。たとえば、30グラムの余分な砂糖を摂った場合（缶ジュース1本の砂糖の量）、必要なカルシウムの量は牛乳7リットルに値する。骨を作るために欠かせないカルシウムを、缶ジュース1本で失ってしまう。

ほかにも、カルシウムは身体にとって重要な働きをしていて、「天然の精神安定剤」とも呼ばれることがある。カルシウムの不足によって精神の落ち着きが失われ、ちょっとしたことにも動揺するようになってしまう。

さらに、カルシウムは筋肉の収縮になくてはならないものであり、カルシウムが不足することは筋出力を弱めることにもつながっていくのだ。

② 体内のビタミン類を奪う

カルシウムだけではない。砂糖の過剰摂取は、ビタミンB1の消費にもつながっていく。ビタミン不足は、肩こりや全身の倦怠感、絶え間ない眠気を引き起こしやすい。さらには、食後の飽満感も覚えやすく、必要な食事量を摂れないようになってしまう。

「甘いジュースを絶対に飲んではいけない！」とまでは言わないが、880日の中で目標をかなえたいと思うのなら、自らの行動に責任を持つようにしてほしい。

大会前はトレーニング強度を上げる

コンディショニングという点で、大会期にピークを持っていくことはトレーナーの大きな役目となる。

次のページのグラフが、私の頭の中にある年間の計画表である。わかりやすいように、

[トレーニングイメージ（ピリオダイゼーション）]

	8月	9月	10月	11月	12月	1月	2月	3月	4月	5月	6月	7月
量	ー	ー	ー	多	多	多	中	少	少	多	多	少
強度	ー	ー	ー	弱〜中	弱〜中	弱〜中	中〜強	中〜強	中	弱〜中	弱〜中	強

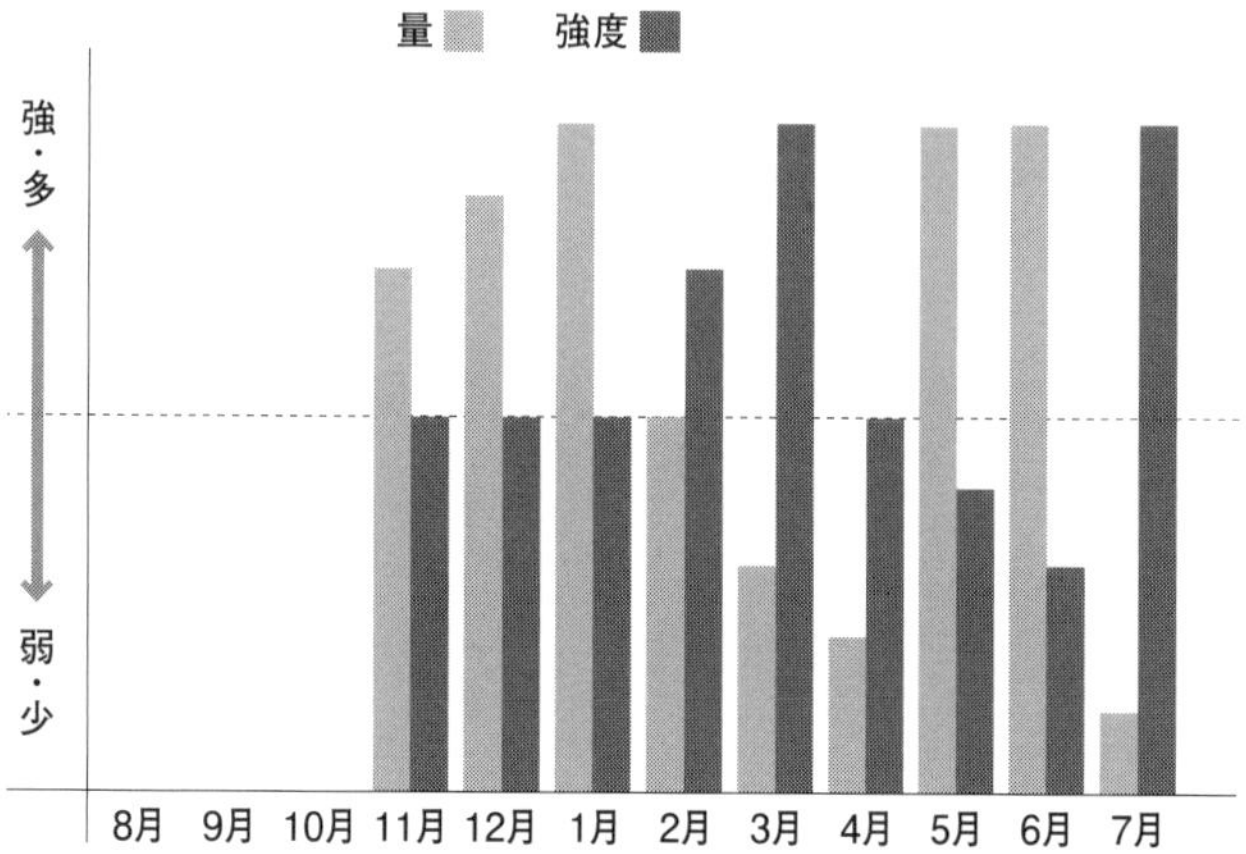

トレーニングの量と強度を棒グラフで表した。8月は新チームを早急に作る必要があり、9月や10月は練習試合や秋の大会が入ってくるために、トレーニングに割く時間がどうしても少なくなる。そのために、この3カ月間を除いた残りの9カ月の取り組み表となる。

ざっくりと言えば、冬場（11月～1月）と夏の大会前（5月、6月）は、トレーニング量を増やして、強度を下げる。大会を戦うための土台作りと言っていいだろう。逆に、大会前（2月、3月、7月）はトレーニング量を減らして、強度を上げるメニューを組む。特に7月のグラフが極端になっているが、夏の大会前は量を減らして、強度だけを上げる。わかりやすく言えば、平地でやっていたダッシュを坂道ダッシュに変える。短い時間で爆発的に力を発揮する〝出力〟にフォーカスを当てていきたいからだ。その理由は、抽象的な表現になるが、強度を高めることによって、身体のキレを出していきたい。心肺機能や持久力を鍛えるのは、大会前にやることではない。

ただ、わかりやすいようにこのようなグラフを紹介したが、一番大事にしているのは年間を通して高いレベルのトレーニングを継続することだ。量や強度の上げ下げこそあるが、身体にかかる負荷は変わらないように心がけている。

高校野球の世界では、「6月にトレーニング量を増やして、一旦疲れさせる。7月にトレーニング量を減らして、大会に向けてピークを作っていく」というやり方があるのだが、私は一切気にしていない。なぜなら、一度落としてしまうと、そこから上がってこないことがあるからだ。特に近年の猛暑を考えると、リスクの高い調整法ともいえる。サポート校では大会期間中にもウエイトトレーニングを行い、身体にある程度の負荷をかけるようにしている。県大会から甲子園まで考えると1カ月以上の長丁場となるわけで、そこでトレーニングを緩めてしまうと、筋力は間違いなく落ちていく。

さらにミクロな視点で考えると、日々のプログラムに関しては、事前に細かく組まないようにしている。高校の場合は急に行事が入ったり、追試があったり（！）、監督からの「今日は暖かくて気候も良いので、バッティングをやりたい」という要望でスケジュールの変更があったりと、不確定要素がたくさんあるからだ。雨が降ることで、考えていた予定がすべて飛ぶことも珍しくない。そのため、高校野球部のトレーナーには、限られた環境の中での臨機応変な対応が求められる。

熱中症対策は冬から始まっている

気温が上がる夏場に、特に注意しなければいけないのが熱中症だ。近年、夏の試合中に足を痙攣する選手が増えてきているが、私が指導している高校ではほぼ皆無といっていい。それだけの準備をしっかりと行っている。

熱中症対策として、試合中における水分補給の重要性が語られるが、これはラジエーター（体温を下げる）の役割に過ぎない。熱中症予防のほんの一部分である。私が大事にしているのは、「身体の中にダムを作る」という考えであり、細胞組織の中に一定水準の水分量を保っておきたいのだ。身体の中を常にみずみずしい状態にしておく。熱中症になる人の多くは、絶対的な水分量が不足している。

では、どこに水分を貯めておくのか。

ここが重要なポイントになるのだが、細胞の中で多くの水を貯め込めるのは筋細胞しかない。筋肉のじつに80パーセントが水分でできていて、脂肪の水分量はおよそ20パーセントしかない。すなわち、〝水分を貯め込む〟と考えたときには、筋肉量を増やしていく必要があるのだ。

このように考えると、第4章で紹介したウエイトトレーニングには、熱中症予防の観点からも大きな意味合いが出てくる。筋量を増やすことで、ダムの容量を大きくしていく。筋量が少ないと、どれだけ水分を摂ったとしても、身体の中に水分を貯めることができなくなってしまう。

このダム作りを、夏の大会前から始めようとしても意味がない。1年中、身体の中に水を貯め込むことで、みずみずしい状態で夏を迎えることができる。特に意識したいのが冬場の水分補給だ。夏に比べると汗をかきにくい冬場は、どうしても水分量が少なくなるが、寝ているときに汗をかいているし、もちろん運動中にも発汗がある。サポートチームでは、水分を適宜補給する意識を付けるために、トレーニング中でも技術練習中でも、自分のそばに水分を用意させている。冬場に皮膚がカサカサになることがあると思うが、皮膚から水分が出ていて、身体全体の水分摂取量が失われている証だ。選手には、朝500ミリリットル、夜500ミリリットルの水を飲むことを勧めていて、ひとつの目安としては練習時間外に計1リットルの水分補給が必要となる。

春以降、気温が上がり、汗を大量にかく時期になったら、ミネラルが入っている麦茶に切り替える。汗と一緒にミネラルが体外に流れ出ることによって、熱中症が引き起こされるので、それを麦茶で補給していくのだ。緑茶にすると、利尿作用成分が含まれているため、尿として水分が出されてしまうので注意したい。

市販のスポーツドリンクでもいいが、糖分濃度が高いために、ゴクゴク飲むとすぐに喉が渇いてしまう。砂糖の過剰摂取によって、血糖値が急激に上がる恐れもある。それを知ったうえで、上手に摂取することがポイントになる。

夏の試合中のベンチには、水と麦茶、経口補水液、塩分サプリメントなどを常備している。経口補水液は医療用に考えられた飲み物で、電解質（ナトリウムなどの塩分）が高く、糖分濃度が低い。脱水状態になってから飲むイメージがあるかもしれないが、発汗量が多い夏場については、こまめに口にすることを習慣づけるといいだろう。

疲労が溜まってきた選手には、アミノ酸やクエン酸の顆粒を飲ませることもある。消化器官に負担をかけずに、腸で吸収することができるので、疲労回復に効きやすい。

アップは最終的に個人でできるのが理想

高校野球の指導者から、「ウォーミングアップのメニューをどのように組めばいいですか?」と聞かれることがある。具体的なメニューを知りたいのだと思うのだが、大事なことはアップの考え方を知ること。メニューだけを真似しても、そのチームに適したアップにつながっていかない。

アップの目的は、次の7つである。

①障害予防
②筋温を含めた体温を高め、血液や体液の循環を促進
③関節可動域の獲得
④コンディションチェック（筋肉・関節の違和感・疲労度）
⑤競技に関連する筋肉、神経のコーディネーション

⑥ **サイキングアップ（＊声を出したり、体を動かしたりして、人為的に興奮状態を作り出すこと）**

⑦ **球場の状態を知る（芝生の長さ、土の固さ、風向き）**

これらを網羅したメニューが、アップに組み込まれているのが理想となる。そのときどきの時間にもよるが、サポート校では以下のような流れで行うことが多い。

- 軽い体幹トレーニング
- ジョギング（10分程度）
- 動的ストレッチ（肩甲骨・股関節・回旋動作）
- 軽いトレーニング（股割り、ジャンプ動作、切り返し）
- ロングラン（塁間～50メートルほどの距離）
- 反応ダッシュ（神経回路へのアプローチ）

気温が寒い冬場は、筋温が上がるまでに時間がかかるので、夏場に比べればアップにかける時間を長く取る。そのあたりは、気温を見ながら随時メニューを変えていけるといいだろう。

最終的な目標は、個人でアップができるようになることだ。自分で、「今日は股関節の動きが悪いな」と思えば、股関節の動的ストレッチに時間を割いていく。全体でのアップよりも〝自由度〟が増す分、自分自身の身体に興味を持たなければ、何をしていいのかわからなくなってしまう。

大会当日は身体を動かしてから球場入り

公式戦当日、球場でのアップは軽めに済ませて、すぐにキャッチボールに入ることが多い。初めて見た人は、『あれでもう終わり？』と感じるかもしれない。

これには理由があり、球場に来る前に自校のグラウンドなどで、しっかりと身体を動かしているからだ。これを「ファーストアップ」と呼んでいる。昨秋、サポート校のひとつである健大高崎が、地元・群馬開催の関東大会で初優勝を果たすことができた。4試合戦ったが、当日の朝は健大高崎のグラウンドでダッシュや打ち込みをしてから、球場に入っていた。

第一試合（10時開始）のときは、6時集合で散歩、静的・動的ストレッチ、身体にキレを出すためにハードルを使った股関節トレーニングを行った。準決勝で東海大相模と対戦したときには、80メートル×10本のダッシュメニューを組み入れた。前評判では東海大相模が有利と見られていたので、「おれたちはできる！」と思わせるために、身体を動かしたかったのだ。気持ちで負けたり、委縮したりすると、どうしても身体が動かなくなり、足が止まってしまうのだ。それを避けるために、アップの段階でロングダッシュを繰り返した。試合前のアップは、身体的な準備だけでなく、戦いに向けて気持ちを高めていく精神的アップの意味合いも強い。

甲子園に出場したときは、第一試合（8時開始）の場合は4時に起床する。それでも、ホテルの周りを走るなど、ファーストアップをしてから甲子園に向かう。球場に着く前に身体を動かして、キレを出しておいたほうがいい。

関東大会や甲子園で心がけているのは、普段とは違うことをやらないことだ。たとえば……、代表校がホテル周辺を散歩して、ゴミを拾うことが記事になることがあるが、普段やっていないことであればやらないほうがいい。「甲子園に出たから」と、特別なことをやると、チームのリズムは崩れていくものだ。県大会でも甲子園でも、いつもどおりに動けるチームが一番強いのではないだろうか。なので、日常の取り組みが大事になってくる。

なお、試合が始まれば、私はスタンドでスタッフと一緒に観戦する。トレーナーはベンチ裏に入ることができず（都道府県高野連によっては、試合前までは可能なところもある）、何もやれることがないからだ。このあたりは、ぜひとも改善してほしいところである。投球数制限等もたしかに大事だが、シーズンを通して選手たちの身体を見ているトレーナーがベンチ裏に入れるようになれば、「あの選手、動きがおかしいな」という変化にすぐに気づけて、ケガを予防することができるはずだ。今は、高野連が派遣している理学療法士が帯同していて、試合後のクールダウンもすべて理学療法士の管理のもとで行われる。決して悪いことではないが、選手のことを誰よりも見ているのは、チームをサポートしているトレーナーであるのは間違いない。

クールダウンにこそ時間をかける

ウォーミングアップに比べると、クールダウンが短い学校が多い。自宅から通う学校の場合、下校時間ギリギリまでボールを使った練習をしたいのはわかるのだが、クールダウンを疎かにすると、筋肉が固まった状態で翌日を迎えることになりかねない。しっかりとほぐして、1日の練習を終えたい。

理想を言えば、加圧ベルトを巻いた状態で、数分ほどジョギングをしてから、静的ストレッチで締めたい。ゆっくりとストレッチをすることで、血液が身体の隅々まで流れ、疲労回復の促進につながっていく。サポート校で必ず入れているのが腹筋である。ウエイトトレーニングのところでも解説したが、トレーニングのための腹筋ではなく、腹筋をやることで腰や背中の筋肉を緩めることができるのだ。腰は疲労が溜まりやすい部位だけに、丁寧にほぐしておきたい。

ただ、冬場など身体が冷え切っているときに関しては、静的ストレッチによってさらに筋温が下がっていく恐れがある。そういうときは、風呂上がりに個々でストレッチをするなど、臨機応変に対応していきたい。

だからといって、「昨日、ストレッチやったか？」なんて聞くことはなく、このあたりは自己責任。意識が高ければやるだろうし、そうでなければやらないだろう。高校生にまでなって、トレーナーである私が叱咤激励しながらやらせるのも、何か違うように思う。最初の話に戻るが、自立・自律・時律という3つのジリツを実践できる選手になってほしい。

アイシングの効果を再考する

ピッチャーが投げ終わったあとに、アイシングをするのが当たり前の野球界になっている。甲子園でも、前述した理学療法士によって、登板後すぐにアイシングが施される。人それぞれの考えがあっていいが、私はアイシングではなく、加圧トレーニングを勧めている。加圧ベルトを巻いた状態で、軽いジョギングやストレッチをして、そのあとに除圧。そうすることで、全身の血流がよくなり、疲労物質が流れていくのだ。

アイシングで局所を冷やすと、疲労物質を除くことなく、使いっぱなしのまま眠らせてしまうことになる。悪い状態のまま、冷蔵庫で保存するようなものだ。それに、アイシングをすることによって、痛みに気づきにくくもなる。冷やすことで、痛みに対する感覚が鈍くなってしまうのだ。特に、小学生や中学生のジュニア世代には、頭に入れておいてほしい知識となる。

だからといって、「アイシングをさせない」というわけではない。過去に受傷歴があって、投球後に肘や肩に炎症が起きるピッチャーであれば、ひとつの考え方として、アイシングが必要になる場合もある。肘や肩に熱が残るので、局所を冷やすことで熱を取り除いていくのだ。

最終的には自己判断になるが、何もかもアイシングではなく、さまざまなやり方を試しながら、自分に合ったやり方を見つけてほしい。

痛みを感じたら病院へ

最後に……、障害予防のためにトレーニングをしていても、身体のどこかに違和感を覚えたり、痛みを感じたりすることがあるかもしれない。そのときは、まずは病院に行き、ドクターの診察を受けてほしい。トレーナーに相談したうえでの判断でも構わない。

なぜ、わざわざこんなことを書くのかというと、はじめに病院ではなく、接骨院に行く選手が多いからだ。接骨院はマッサージをしたり、電気治療をしたりするところで、痛みの根本を治す場所ではない。他校の選手とも話すことができるし、マンガを読むこともできるし、選手からしたらリラックスできるところだろう。しかし、最初から接骨院では順番が違う。接骨院に行くのなら、診断名が出て痛みの理由がわかったうえで通ってほしい。

高校生を見ていると、ケガを理由にして、身体をほとんど動かさなくなる選手が多い。脳震盪や内科的な疾患等は別にして、たとえば切り傷程度なら、ストレッチはできる。右足の捻挫であれば、上半身だけのトレーニングはできる。患部に影響が出ないことを前提としたうえで、「今何ができるか」を自分自身で考えてほしい。病院の先生やトレーナーに相談してもいい。ほかの仲間が練習をやっているときに、休むということは、それだけ差が付くことになる。880日という与えられた日数は変わらないのだから、ケガをしたときにも、できる限りのことに取り組んでほしい。

おわりに

継続は力なり――。

アスレティックトレーナーとしておよそ15年、おかげさまで、数多くの高校球児の身体作りをサポートする機会に恵まれた。

彼らの取り組みを間近で見る中で、毎年のように感じるのが「継続に勝るものはない」ということだ。本書で紹介したストレッチやトレーニングを見て、「よし、やってみよう！」と思った選手もきっといると思う。

どうだろうか、骨盤の可動域を高める開脚で、両肘が地面に着くだろうか、顎が着くだろうか。もともと身体が柔らかい選手を除けば、最初からできる選手は少ないはずだ。そこから3日続ける、1週間続ける、1カ月続ける……、自分ができないことに取り組むには、鮮明な目標と意志の強さが必要になる。監督やコーチに檄を飛ばされながらやることもあるだろうが、やらされているうちは、本当の意味での成長にはつながっていかない。最後にやるかやらないかを決めるのは自分次第。

「あいつに負けたくない！」
「うまくなりたい！」
「勝ちたい！」

あきらめた瞬間に、そこで成長は止まる。

今年の春、コロナウイルス感染拡大の影響を受けて、全国のほとんどの学校で部活動が自粛された。3月に予定されていたセンバツ甲子園は中止となり、春の都道府県大会もすべて中止となった（沖縄のみ準々決勝まで開催）。3年生にとっての公式戦は夏しか残されていないが、この文章を書いている時点（4月下旬）では、夏の大会もどうなるかわからない状況である。

でも、こんなときだからこそ、思うのだ。

自分で決めたことを、どんな困難な状況であってもやり続ける。それが必ず、力になる。全体練習が自粛されていても、素振りはできる。走ることもできる。不要不急の外出がダメなのであれば、自宅でストレッチはできる。シャドウピッチングもできる。いつも以上に体調管理、コンディション作りに目を向ける機会にもなるだろう。

私は今年で40代半ばになるが、人生の中で高校生活の3年間ほど濃密な時間はなかったと、今も思う。プロ野球選手を本気で目指し、独学でウエイトトレーニングを学び、身体を作り、自分自身を高めていった。当時の知識の中で、やれることはすべてやり切ったという自負がある。今の知識と経験があれば、もっとうまくできたとは思うが、人生はえてしてそういうものだろう。

アスレティックトレーナーを目指すために入学した専門学校での生活は、想像を遥かに超えるハードなものだった。学費と生活費を稼ぐために、六本木のバーで朝までバーテンダーとして働き、そのまま専門学校に向かい、トレーニングルームで仮眠を取ったあと、授業を受ける日々を送った。1日24時間ではどう考えても足りず、電車に乗るわずかな時間であっても、分厚い参考書を読んで勉強を重ねた。

体力的にも精神的にもきつい時期であったが、それでも妥協することなく取り組めたのは、「アスレティックトレーナーとして生きていく」というはっきりとした目標とともに、「高校時代の3年間があったから」と言って間違いない。目標に向かって没頭し続ける中で得た「継続する力」が、自分の心を支えてくれた。エネルギー溢れる時期に、本気で一途に取り組んだことは、大人になっても身体に染みついているものである。

本書のタイトルのとおり、高校野球は880日。限られた日数での戦いであるからこそ、そこに価値が生まれる。練習をしているときは「きつい。休みたい」と思うこともあるかもしれないが、最後の夏が終わると、野球に打ち込んでいた日々がいかに尊い時間だったか、気づくものだ。今回の部活動自粛を経て、野球を思い切りできる幸せを、心から実感した選手もきっと多いだろう。その気持ちを、大切に持ち続けてほしい。

最後に――、私が大切にしている人生の教訓を紹介して、締めとしたい。

「人に会え、旅に出ろ、本を読め」

専門学校時代、指導教官であった原田一志先生（スポーツ医科学専門家）に教わった言葉である。原田先生には今も大変お世話になり、アスレティックトレーナーとしての生き方を学ばせていただいている。

原田先生の言葉には、「自分自身の興味関心を広げることが、必ずや自己を高めることにつながっていく」という想いがある。野球がうまくなりたいと思うのなら、視野を広げて、さまざまな情報を自分で取りにいく。今はインターネットが普及したおかげで、それができる環境になった。

1日24時間をどのように使うかによって、未来は変わっていく。その日々の積み重ねが８８０日につながり、自分の人生を築き上げていく。

人生は一度きり。時間を巻き戻すことは、誰にもできない。今やれることに全力で取り組んで、それぞれの目標に向かって歩み続けてほしいと願う。

２０２０年４月　　塚原謙太郎

甲子園強豪校の
880日トレーニング論

2020年6月1日　初版第一刷発行
2021年5月25日　初版第二刷発行

著　　　者／塚原謙太郎

発　行　人／後藤明信
発　行　所／株式会社竹書房
〒102-0075
東京都千代田区三番町8-1 三番町東急ビル6F
email:info@takeshobo.co.jp
URL　http://www.takeshobo.co.jp

印　刷　所／共同印刷株式会社

カバー・本文デザイン／轡田昭彦＋坪井朋子
取 材 協 力／山崎警（城西大城西野球部監督）
撮 影 協 力／健大高崎野球部（櫻井秀太・大江立樹・戸澤昂平・古滝友哉・福岡勇人・下慎之介ほか・順不同）
特 別 協 力／花咲徳栄野球部マネージャー（古川侑菜・小田切あさみ・平山莉子・篠原芽唯・河端悠花・高橋千乃・磯瑞姫・大熊幸恵・木本早紀・蓮見みなみ・林愛美・石島侑佳・中村華・篠原結・川島結・若林夢衣・窪内暖・勝倉百香・順不同）
カバー・本文写真／小堀将生
配信動画制作／小倉真一
編 集 ・ 構 成／大利実

編　集　人／鈴木誠

Printed in Japan 2020

ISBN978-4-8019-2269-3